Sandra Noa

Winter

in der 1. und 2. Klasse

Materialien für den Unterricht
Hase und Igel®

© 2007 Hase und Igel Verlag, Garching b. München
www.hase-und-igel.de
Alle Rechte vorbehalten
Lektorat: Martina Schramm
Layout: Margit Kick
Illustrationen: Fides Friedeberg
Druck: Köppl und Schönfelder GmbH, Augsburg

ISBN 978-3-86760-808-4
2. Auflage 2008

Vorwort

Weihnachten und Schnee sind so typisch für den Winter, dass oft zu kurz kommt, was noch alles zur kalten Jahreszeit gehört: Eisblumen an alten Fenstern, zugefrorene Seen, Tiere im dicken Winterfell, kahle Bäume und Gärten, Nüsse etc. Dieser Band unterstützt Sie dabei, die vielen Facetten des Winters gemeinsam mit den Kindern zu entdecken und sich dieser Jahreszeit mit unterschiedlichen Materialien und Methoden zu nähern.

Die Themen der Kopiervorlagen richten sich nach zentralen Lehrplanthemen der ersten und zweiten Klasse. Sie decken viele unterschiedliche Erfahrungsbereiche ab: von Wahrnehmungsübungen in der Natur über die Vertiefung von Deutsch- und Sachunterricht-Kenntnissen bis hin zur künstlerischen Arbeit mit Texten, Farben und Musik. Wie Sie die einzelnen Materialien einsetzen können – im gemeinsamen Unterricht, in der Freiarbeit oder als Projektarbeit – erfahren Sie jeweils in den didaktischen Kommentaren.

Der Band besteht aus sieben Kapiteln, die einen schnellen thematischen Zugriff ermöglichen.

- Das erste Kapitel thematisiert den Winter mit seinen Besonderheiten und macht den Schülern seine Stellung im Jahreslauf bewusst. Hier geht es auch um verschiedene Kalender.

- Im zweiten Kapitel stehen winterliche Feste und Feiertage im Mittelpunkt: Weihnachten, Heilige Drei Könige, Valentinstag, Fasching / Karneval.

- Sprachliche Aspekte des Themas und allerlei Sprachspielereien werden im dritten Kapitel fokussiert.

- Rund um den Themenbereich Eis und Schnee dreht sich alles im vierten Kapitel, das auch zum Experimentieren anregt.

- Um Tiere und ihr Überleben im Winter geht es im fünften Kapitel. Dabei erfahren die Kinder auch, wie sie den Vögeln im Winter helfen können.

- Im Mittelpunkt des sechsten Kapitels stehen Pflanzen im Winter. Neben Sachinformationen erhalten die Schüler hier auch Anregungen zum Malen und Basteln.

- Das siebte Kapitel „Allerlei Nüsse“ führt in die literarische Welt von „Nussknacker und Mäusekönig“ und kann für ein Unterrichtsprojekt genutzt werden.

Alle Kapitel bieten vielfältige Anregungen zum Singen, Spielen, Basteln, Schreiben und Malen.

Ihnen und Ihren Schülern einen erlebnis- und schneereichen Winter!

Sandra Noa

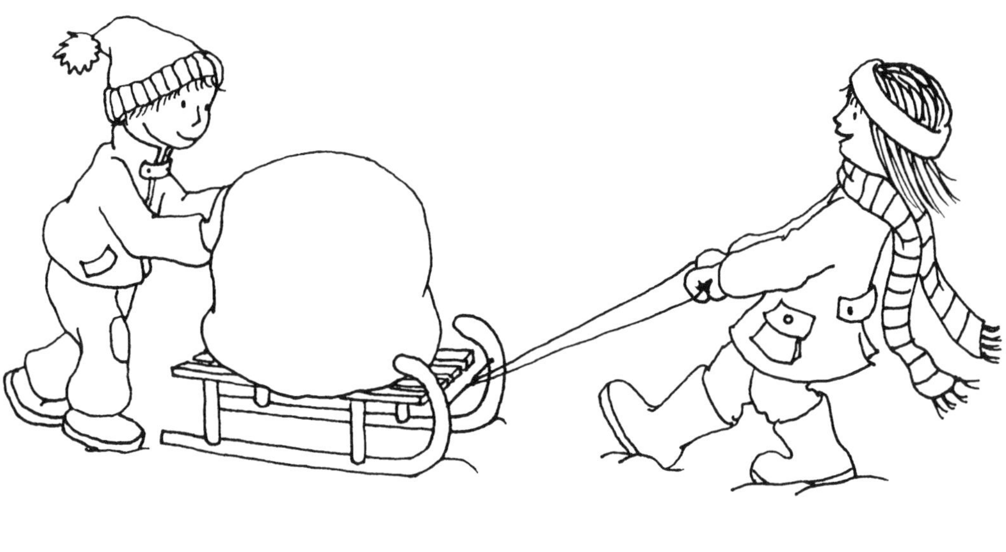

Inhalt

1. Kapitel: Der Winter im Jahreslauf

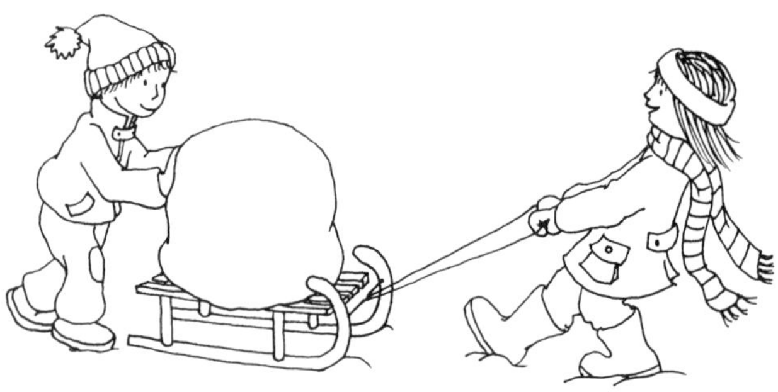

2. Kapitel: Feste und Feiertage

3. Kapitel: Winterwörter und Sprachspielereien

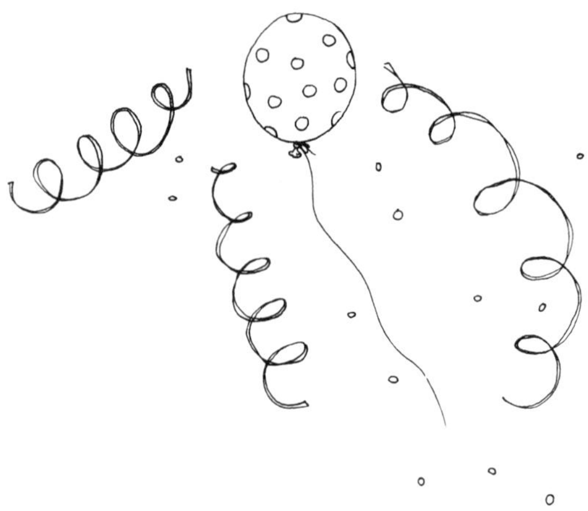

4. Kapitel: Schnee und Eis – die Welt ist weiß!

5. Kapitel: Tiere im Winter

6. Kapitel: Pflanzen im Winter

7. Kapitel: Allerlei Nüsse

1. Kapitel: Der Winter im Jahreslauf

Vorbemerkung

Der Winter übt gerade auf Kinder einen besonderen Reiz aus. Wenn im Herbst die letzten Blätter von den Bäumen gefallen sind und es draußen immer kälter wird, warten die meisten Kinder schon ungeduldig auf den ersten Schnee. Dieses Kapitel stellt den Winter als kalendarische Einheit vor und macht den Schülern auch seine Besonderheiten bewusst.

Lehrplanbezug

Sachunterricht

- Jahreszeiten kennen und bewusst erleben
- Monatsnamen und Namen der Jahreszeiten kennen
- Verschiedene Kalender kennenlernen

Deutsch

- Monatsnamen lesen und schreiben
- Zusammengesetzte Namenwörter üben
- Einen Anleitungstext lesen und verstehen

Kunst

- Mit unterschiedlichen Materialien umgehen

Musik

- Ein altersgemäßes Lied zum Winter singen

Zu den Kopiervorlagen

KV Seite 9

A, a, a, der Winter, der ist da!
Dieses einfache Kinderlied führt in das Thema „Winter" ein und macht gleichzeitig die Vokale bewusst. Dichten Sie mit den Kindern zu jedem Vokal auch eine eigene Winterstrophe, die Sie dann gemeinsam singen.

KV Seite 10

Die vier Jahreszeiten
Die Kinder ordnen jeweils zwei Bilder einer Jahreszeit zu. Besprechen Sie anschließend das Ergebnis gemeinsam: Klären Sie mit den Schülern, woran zu erkennen ist, welche Jahreszeit jeweils gemeint ist.

Lösung

Frühling	Sommer	Herbst	Winter

KV Seite 11

Die Wintermonate
Kalendarisch fällt der Winteranfang auf den 21. Dezember und dauert bis zum Frühlingsanfang am 21. März. Die Meteorologen ordnen den Jahreszeiten aber ganze Monate zu. Meteorologisch gesehen beginnt der Winter am 1. Dezember und umfasst die Monate Dezember, Januar und Februar. Gerade für Kinder im ersten Schuljahr ist diese Einteilung leichter zu durchschauen und daher einfacher. Besprechen Sie dies mit den Kindern, bevor sie im oberen Teil der Kopiervorlage die Monatsnamen lesen und die Wintermonate einkreisen.

Im zweiten Teil der Seite bilden die Schüler sechs zusammengesetzte Nomen. Anhand der Malaufgabe wird anschließend deutlich, ob die Kinder die Bedeutung der gebildeten Wörter auch verstanden haben.

Lösung
Aufgabe 2:
Schlittenhund, Schlittenfahrt, Schneeanzug, Schneemann, Schneeflocken, Schneeball

Ein Wintermobile
KV Seite 12

Dieses Mobile ist für Kinder relativ leicht zu basteln. Es eignet sich auch gut für die Gruppenarbeit. Helfen Sie den Schülern bei den Größen der einzelnen Teile, damit z. B. die Wolke, an der alles andere hängt, nicht zu klein wird. Sie können auch vorab Schablonen anfertigen, dann sieht jedoch jedes Mobile gleich aus.

Sie können das Mobile über die Heizung hängen und mit den Kindern überlegen, warum es sich dann bewegt.

Variiert werden kann die Bastelarbeit durch kleine grüne Tannenbäumchen, die rechts und links neben dem Haus Platz finden.

Spring in den Winter!
KV Seite 13

Dieses Spiel eignet sich gut, um den Unterricht aufzulockern. Entweder spielen es die Kinder in Kleingruppen oder die Besitzer einzelner Spielfiguren wechseln sich ab. Durch die Zahlen auf den Feldern ist eine genaue Zuordnung der Monate möglich.

Lassen Sie die Kinder den Spielplan farbig gestalten und laminieren Sie ihn, um eine bessere Haltbarkeit zu gewährleisten. Sie können die Vorlage auch vergrößert kopieren.

Der Jahreskreis
KV Seite 14

Vor Bearbeitung der Kopiervorlage können die Kinder den Jahreskreis anschaulich darstellen: Zwölf Schüler bringen zu jeweils einem Monat einen charakteristischen Gegenstand mit, z. B. ein Osternest für den April, eine Kerze für den Dezember, eine Maske für den Februar. Mit ihren Gegenständen bilden diese zwölf Kinder dann einen Jahreskreis. Zusätzlich können die Schüler auch Schilder für die Monate basteln und beschriften.

Im Anschluss daran gestalten die Kinder die Kopiervorlage farbig. Unten auf der Seite sind die Schüler aufgefordert, aufzuschreiben, welche Jahreszeit ihnen am besten gefällt.

Als Alternative malen und schreiben verschiedene Gruppen auf, was ihnen zu den einzelnen Monaten und Jahreszeiten einfällt. Daraus entsteht dann eine Gesamtcollage zu den Jahreszeiten.

Verschiedene Kalender
KV Seite 15

Hier werden drei verschiedene Kalender in kurzen Texten vorgestellt. Vor der Bearbeitung der Kopiervorlage können Sie eine Umfrage in der Klasse starten: Welche Kalender kennt ihr? Welchen Kalender benutzt ihr zu Hause? Hängt in eurem Zimmer ein Kalender?

Die Kinder können einen Kalender von zu Hause mitbringen. Dadurch entsteht ein anschaulicher Eindruck von der Vielfalt dieser Druckerzeugnisse.

Lösung

Der **Tageskalender** hat für jeden Tag des Jahres ein kleines Blatt. Ist ein Tag vorbei, wird das Blatt abgerissen. Insgesamt sind das 365 Blätter in einem Jahr. Der Tageskalender zeigt immer das genaue Datum.

Der **Monatskalender** hat für jeden Monat ein ganzes Blatt. Insgesamt sind das zwölf Blätter in einem Jahr.

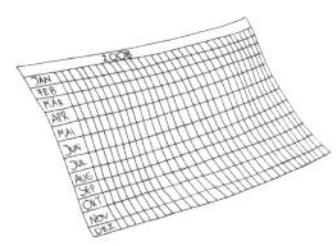

Der **Jahreskalender** besteht aus einem Blatt für das Jahr. Er zeigt alle Tage des Jahres auf einmal an. So siehst du zum Beispiel auf einen Blick, wann Feiertage sind.

Kalender

Das Wort „Kalender" gibt es im deutschen Wortschatz etwa seit dem 16. Jahrhundert. Es leitet sich ab von dem lateinischen Wort „calendarium", das ein Verzeichnis der „calendae" darstellte. Die „calendae" waren immer die ersten Tage des Monats, an denen gewöhnlich alle Schulden zu begleichen waren. Die ältesten bekannten Kalender stammen aus dem alten Ägypten. Schon damals unterschied man Mondkalender und Sonnenkalender.

Der Gregorianische Kalender, benannt nach Papst Gregor XIII., ist heute in den meisten Ländern der Welt gültig. Er wurde gegen Ende des 16. Jahrhunderts entwickelt.

Unser Geburtstagskalender
KV Seite 16

Kopieren Sie den Geburtstagskalender in ein größeres Format, wenn Sie ihn in der Klasse aufhängen wollen. Fordern Sie die Schüler auf, zu beschreiben, was sie in den einzelnen Bäumen und darunter sehen. Das schult ihre Aufmerksamkeit und bringt ein Gefühl dafür, was für die einzelnen Jahreszeiten typisch ist.

Wer in der Freiarbeit schnell fertig ist, darf einen Baum ausmalen. Seinen Geburtstag trägt jedes Kind selbst ein: Name, Geburtsdatum und -jahr. Kleben Sie den Geburtstagskalender auf farbiges Tonpapier. Durch den Farbrahmen ist er an der Wand gut sichtbar.

Ein Würfelkalender
KV Seite 17

Dieser Dodekaeder-Kalender mit 12 Flächen, 30 Kanten und 20 Ecken fasziniert nicht nur Kinder.

Er stellt eine nicht ganz einfache Bastelaufgabe dar, die den Schülern zudem Einblicke in Formen und Flächen vermittelt und somit eine Brücke zum Mathematikunterricht schlägt.

Vor dem Basteln gestalten die Kinder diesen Würfelkalender individuell als richtigen Kalender mit Bildern, die ihrer Meinung nach zum Monat passen, mit Geburtstagen oder anderen wichtigen Daten. Dann schneiden sie den Kalender aus und fügen ihn zusammen. Die Arbeit wird erleichtert und die Haltbarkeit erhöht, wenn Sie die Vorlage auf etwas stärkeres weißes Papier kopieren.

Anschließend können die Schüler verschiedene Spiele mit dem Würfel machen: Ein Kind würfelt einen Monat und alle Schüler, die in diesem Monat Geburtstag haben, melden sich. Oder die Kinder nennen die entsprechende Jahreszeit zum gewürfelten Monat …

KV Seite 18

Sonnenstunden zählen

Dieses Experiment verdeutlicht die Kürze der Sonnenstunden im Winter. Falls Sie Vergleichswerte aus dem Sommer haben, können Sie diese in den Unterricht einbringen. Die Bearbeitung der Kopiervorlage ist für Partner- oder Gruppenarbeit gut geeignet. Dennoch brauchen die Kinder sicherlich Ihre Unterstützung, besonders dann, wenn sie im Internet recherchieren sollen.

Die Beobachtung können Sie auch über ein ganzes Jahr hinweg durchführen: Eine Gruppe übernimmt die drei Wintermonate, eine die drei Frühlingsmonate usw.

KV Seite 19

Winterquiz

Wenn die Kinder bereits über genügend Sachwissen zum Thema „Winter“ verfügen, spielen sie das Frage-Antwort-Spiel nur mit den Fragekärtchen. Andernfalls kleben die Schüler die Antworten der zweiten Kopiervorlage passend auf die Rückseiten der Fragekärtchen, damit sie die richtigen Antworten nachlesen können. Dann liegen aber beim Spielen die Fragen obenauf, sodass die Schüler die Antworten nicht sehen können.

Mithilfe von Sachbüchern oder dem Internet können die Kinder weitere Frage-Antwort-Karten zum Spiel ergänzen. Alternativ können Sie „Forscherfragen“ und passendes Material zum Nachschlagen vorgeben, sodass die Kinder weitere Fragen rund um das Thema „Winter“ beantworten.

KV Seite 21

Winter-Domino

Spielerisch üben die Kinder Sätze zu lesen und zu verstehen. Erfassen sie den Inhalt eines Satzes nicht, wissen sie nicht, ob sie eines ihrer Dominokärtchen anlegen können.

Klären Sie im Vorfeld, ob jeder die gleichen Spielregeln kennt – oft sind sie von Familie zu Familie unterschiedlich.

KV Seite 22

Eine Winterburg basteln

Diese Bastelarbeit benötigt einen zeitlichen Vorlauf. Fordern Sie die Schüler auf, über einen längeren Zeitraum leere Klopapierrollen, kleine Schachteln etc. zu sammeln. Diese kleben die Kinder dann kreativ zu einer „Burg“ zusammen. Durch die Turmspitzen aus Alufolie sieht jede Kombination wie eine echte Burg aus. Ihre Burgen können die Kinder als Dekoration mit nach Hause nehmen.

Eine Burg kann in der Klasse bleiben und mit Süßigkeiten gefüllt werden. Jeden Tag darf ein Kind sich eine Leckerei herausnehmen. Überlegen Sie im Vorfeld mit den Schülern, wie sie eine Burg anlegen müssen, damit sie sich als Adventskalender eignet.

A, a, a, der Winter, der ist da!

2. E, e, e, nun gibt es Eis und Schnee.
Blumen blüh'n an Fensterscheiben,
Flocken froh im Winde treiben.
E, e, e, nun gibt es Eis und Schnee.

3. I, i, i, vergiss die Armen nie.
Wenn du liegst in warmen Kissen,
denk an die, die frieren müssen.
I, i, i, vergiss die Armen nie.

4. O, o, o, wie sind wir Kinder froh,
wenn wir unter Scherz und Lachen
einen großen Schneemann machen.
O, o, o, wie sind wir Kinder froh.

5. U, u, u, du lieber Winter du.
Hol den Schlitten aus dem Keller
und dann fahr ich immer schneller.
U, u, u, du lieber Winter du.

Name:

Die vier Jahreszeiten

Wie heißen die vier Jahreszeiten? Schreibe die Namen auf. Schneide die Bilder unten aus. Klebe immer zwei passende Bilder unter jede Jahreszeit.

✂

 Materialien für den Unterricht: Sandra Noa, Winter in der 1. und 2. Klasse © Hase und Igel Verlag, Garching b. München

Name: 

Die Wintermonate

Wie heißen die Monate des Winters?
Kreise die richtigen Monatsnamen ein.

Januar November August September
März Dezember Juni
Mai Oktober Juli Februar April

Bilde zusammengesetzte Namenwörter und schreibe sie auf.
Male jeweils ein kleines Bild dazu.

Schlitten
Schnee

Anzug
Hund
Mann
Flocken
Fahrt
Ball

Ein Wintermobile

Du brauchst:

- Bleistift
- gelbes, rotes und blaues Tonpapier
- weißes Papier
- Watte
- Schere und Kleber
- Nadel und Faden

So wird's gemacht:

1. Male auf das blaue Tonpapier eine große Wolke und schneide sie aus. Nimm deine Wolke als Schablone und schneide sie ein zweites Mal aus.
2. Male ein Haus auf das rote Tonpapier und schneide es aus.
3. Schneide aus dem weißen Papier zwei Türen und vier Fenster aus. Klebe die Türen und Fenster von beiden Seiten auf das Haus.
4. Schneide die Sterne auf dieser Seite unten aus. Nimm sie als Vorlage: Übertrage sie auf gelbes Tonpapier und schneide sechs Sterne aus.
5. Bohre mit der Nadel kleine Löcher in den oberen Rand des Hauses und der Sterne. Befestige jeweils einen Faden.
6. Klebe die Fäden mit den ausgeschnittenen Teilen auf eine Wolke. Klebe die zweite Wolke darüber.
7. Klebe ein wenig Watte von beiden Seiten auf das Dach des Hauses.
8. Bohre oben ein Loch in die Wolke und befestige einen Faden.

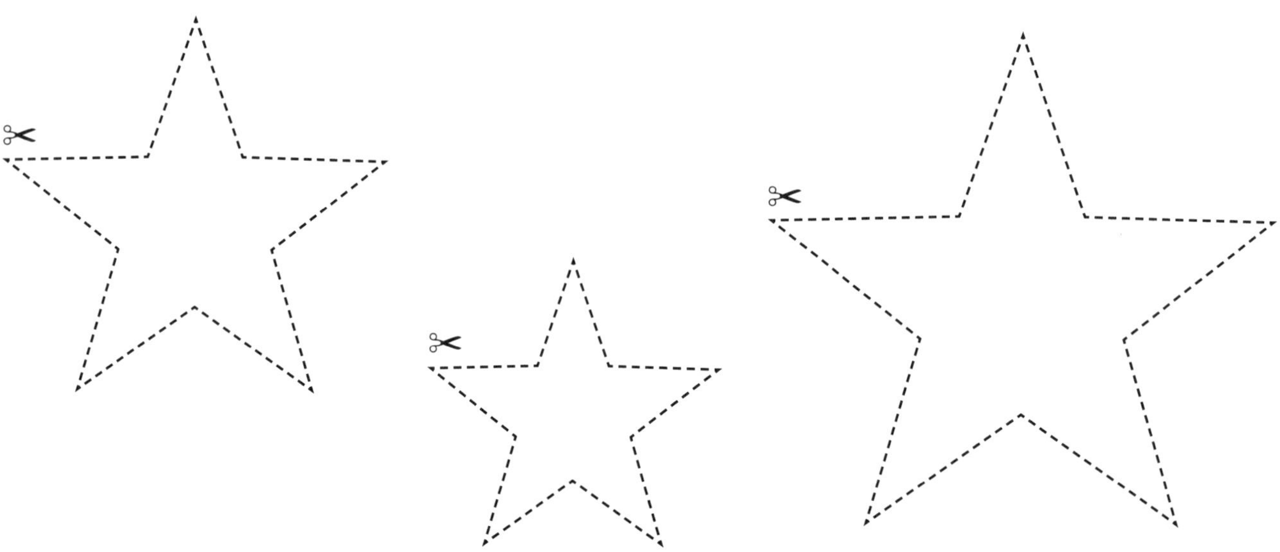

Spring in den Winter!

Ihr braucht:

- Würfel
- pro Spieler eine Spielfigur

So wird gespielt:

1. Würfle eine Zahl. Die Anzahl der Punkte bestimmt, wie weit du vorwärtsgehen darfst.
2. Ziehe deine Spielfigur auf das entsprechende Feld. Ist es ein Monat, springe zum passenden Bild. Ist es ein Bild, springe zum passenden Monat.
3. Das Ziel ist der Schneemann. Du erreichst es nur, wenn du die genau passende Augenzahl würfelst.

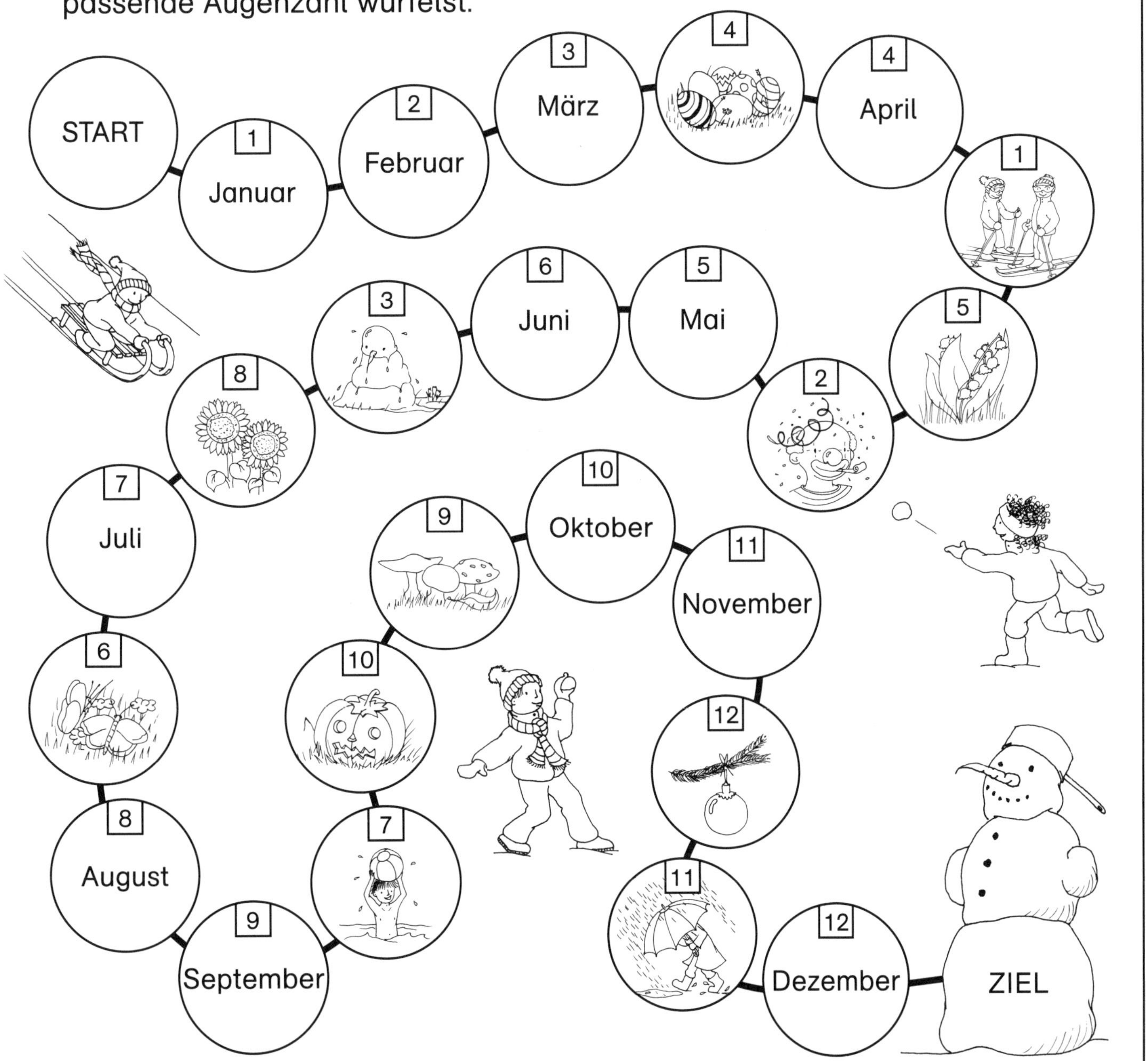

Name:

Der Jahreskreis

Male den Jahreskreis aus.

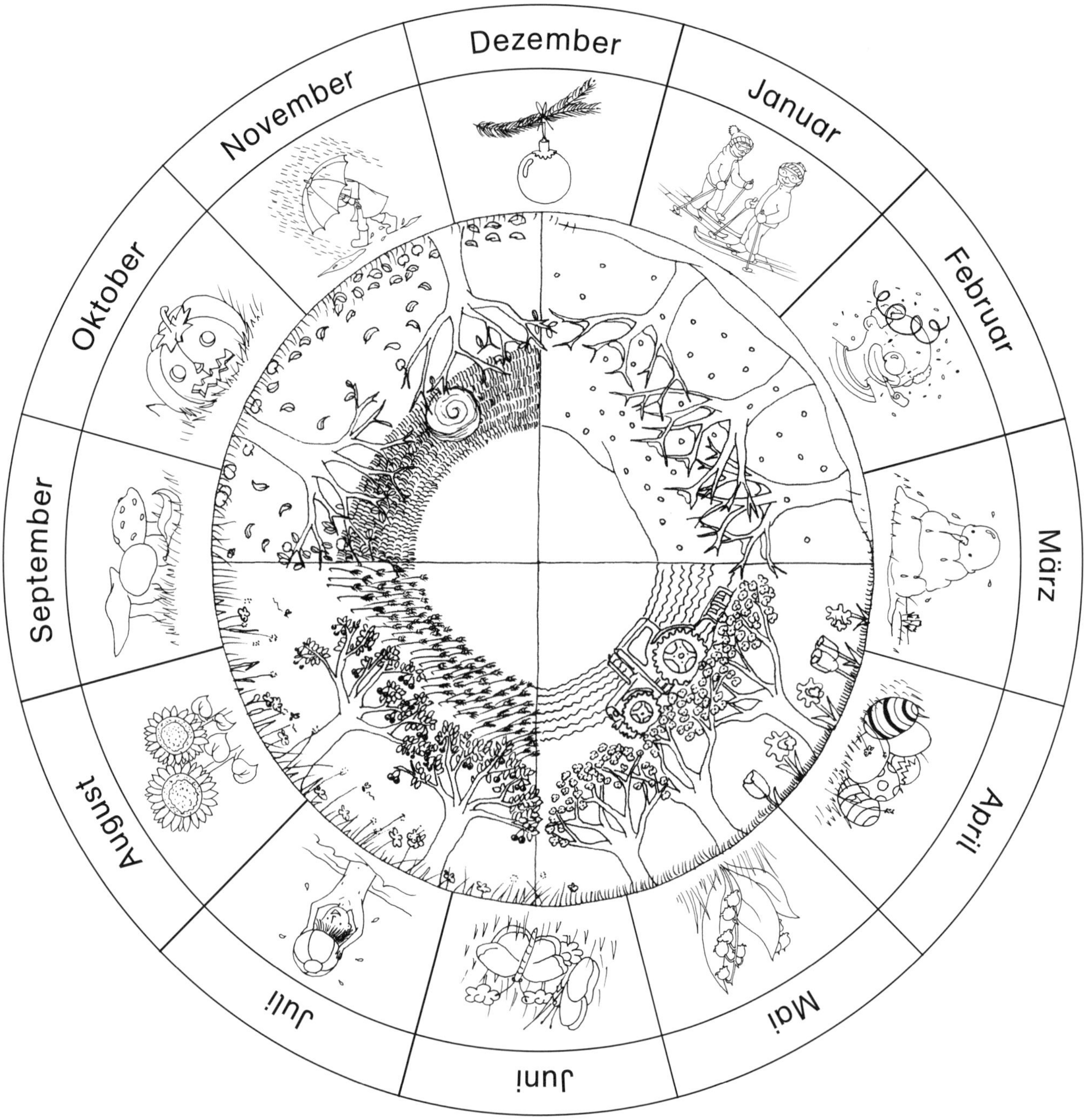

Welche Jahreszeit magst du am liebsten? Schreibe dazu.

Name:

Verschiedene Kalender

Lies die Texte zu den verschiedenen Kalendern.
Ergänze die fehlenden Wörter aus dem Kasten.

Monat	Blatt	Datum	Tage	Jahr	~~Tag~~	Feiertage

Der **Tageskalender** hat für jeden Tag des Jahres ein kleines Blatt. Ist ein Tag vorbei, wird das __________ abgerissen. Insgesamt sind das 365 Blätter in einem Jahr. Der Tageskalender zeigt immer das genaue __________.

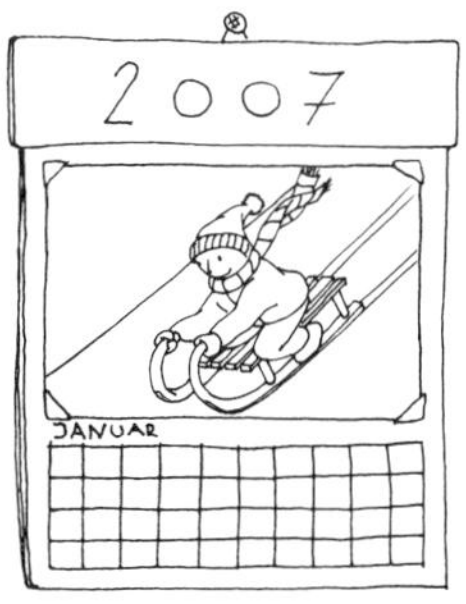

Der **Monatskalender** hat für jeden __________ ein ganzes Blatt. Insgesamt sind das zwölf Blätter in einem __________.

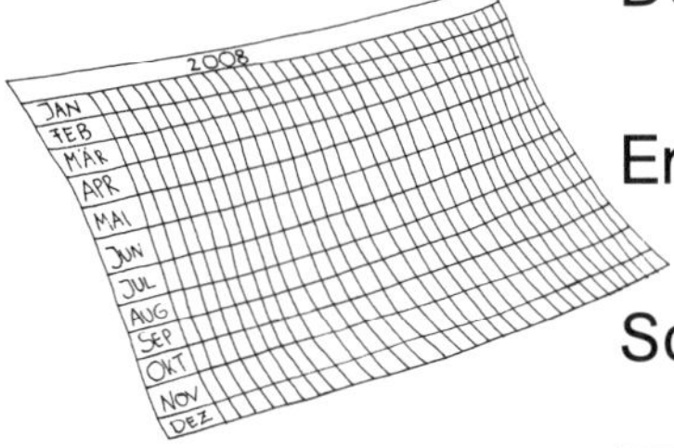

Der **Jahreskalender** besteht aus einem Blatt für das Jahr. Er zeigt alle __________ des Jahres auf einmal an. So siehst du zum Beispiel auf einen Blick, wann __________ sind.

Unser Geburtstagskalender

Januar	Februar	März	April	Mai	Juni	Juli	August	September	Oktober	November	Dezember

Ein Würfelkalender

Male oder schreibe auf jede Seite des Würfelkalenders etwas, das zu dem Monat passt. Bastle dann den Würfel.

Du brauchst:
- Buntstifte
- Schere und Kleber

So wird's gemacht:
1. Schneide die Vorlage an der gestrichelten Linie aus.
2. Falte die Flächen an den durchgezogenen Linien.
3. Trage auf die grauen Flächen Kleber auf. Klebe den Würfel zusammen.

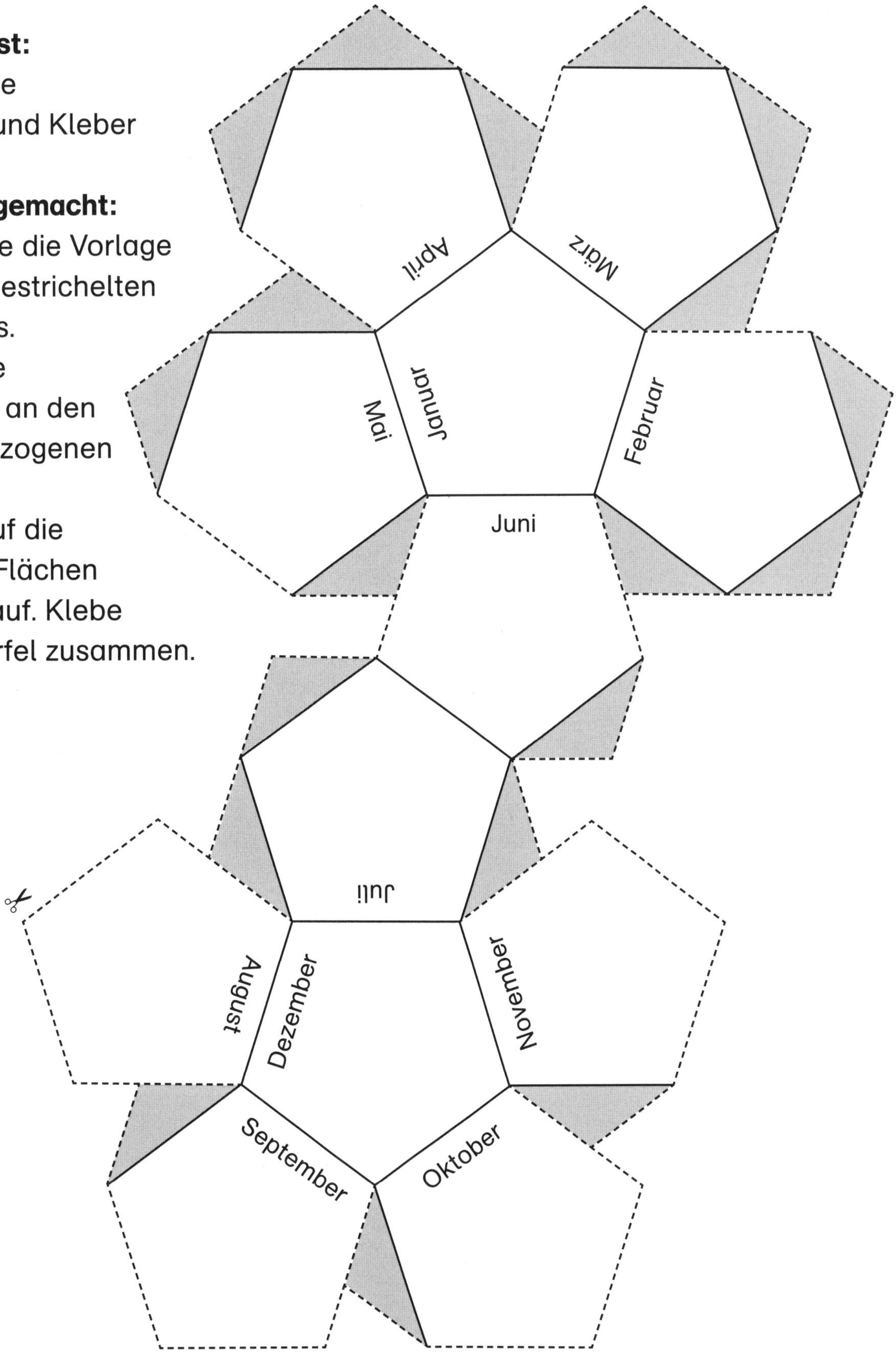

Name:

Sonnenstunden zählen

In vielen Kalendern steht die Zeit des Sonnenauf- und Sonnenuntergangs. Noch genauere Daten findest du im Internet unter *www.sonnenuntergang.de.*

Notiere für einige Wochen den Zeitpunkt des Sonnenauf- und Sonnenuntergangs an einem Tag. Errechne dann mit einem Partner, wie lange die Sonne geschienen hat. Notiert euer Ergebnis in der dritten Spalte.

Woche/Datum	Sonnenaufgang	Sonnenuntergang	Sonnenstunden
1. Woche/			
2. Woche/			
3. Woche/			
4. Woche/			
5. Woche/			
6. Woche/			
7. Woche/			
8. Woche/			
9. Woche/			
10. Woche/			
11. Woche/			
12. Woche/			

Was stellst du fest? Wie haben sich die Sonnenstunden verändert?

 Materialien für den Unterricht: Sandra Noa, Winter in der 1. und 2. Klasse © Hase und Igel Verlag, Garching b. München

Winterquiz (1)

Spielt zu zweit das Winterquiz.

- Schneide die Kärtchen aus und lege sie auf einen Stapel. Die Fragen zeigen nach unten.
- Mit einem Spielpartner ziehst du nun abwechselnd eine Karte. Einer liest die Frage vor, der andere beantwortet sie. Stimmt die Antwort, bekommt der Spieler die Karte. Stimmt die Antwort nicht, bekommt der Fragensteller die Karte.
- Wer am Schluss die meisten Karten hat, hat gewonnen.

✂

? In welchem Monat ist Karneval/Fasching?	? Nenne eine Blume, die auch im Schnee blüht.	? In welchem Monat ist Weihnachten?
? Wann ist Neujahr?	? Wie viele Monate dauert der Winter?	? Welche Monate gehören zum Winter?
? Der wievielte Monat ist der Dezember?	? Der wievielte Monat ist der Januar?	? Der wievielte Monat ist der Februar?
? In welchem Monat beginnt der Winter?	? In welchem Monat beginnt der Frühling?	? Wie viele Tage hat der Januar?
? Welcher Monat liegt vor dem Winteranfang?	? Wann ist der Valentinstag?	? Wann ist „Heilige Drei Könige"?

Winterquiz (2)

Wenn ihr die Antworten noch nicht auswendig wisst, klebt ihr die beiden Blätter mit den Rückseiten aneinander.

✂

im Dezember	Schneeglöckchen	im Februar
Dezember, Januar, Februar	drei Monate	1. Januar
der zweite	der erste	der zwölfte
31 Tage	im März	im Dezember
am 6. Januar	am 14. Februar	November

Winter-Domino

Klebe das Blatt auf etwas dickere Pappe. Schneide dann die einzelnen Dominoteile aus. Lege jeweils Bild und Text passend aneinander.

 Start	Das Kind rodelt.		Das Mädchen trägt einen Schal.
	Zwei Pferde ziehen einen Schlitten.		Der Schneemann schmilzt.
	Am Fenster steht der Weihnachtsbaum.		Die Kinder haben Sterne gebastelt.
	Der See ist zugefroren.		Die Kinder sind verkleidet.
	Die Tiere haben Hunger.		Das Mädchen spielt Flöte.
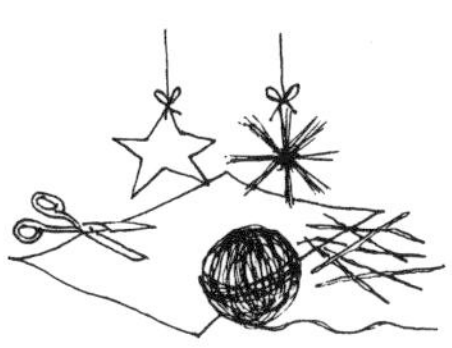	Die Plätzchen liegen auf dem Blech.		Schneeflocken wirbeln durch die Luft.
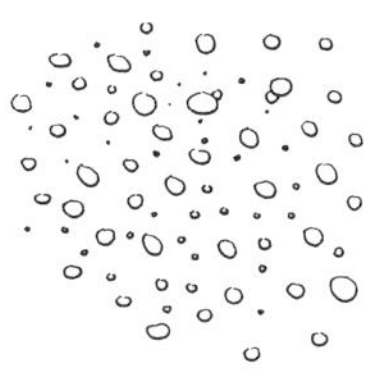	Der Junge friert.		Jemand liest ein Buch.
	Die Kinder trinken Tee.		Ziel 

Eine Winterburg basteln

Du brauchst:

- feste Pappe
- unterschiedlich große Pappschachteln
- leere Klopapier- und Küchenrollen
- Kleber
- Schere
- Silberspray
- Alufolie
- glitzerndes Bonbonpapier
- Weihnachtskugeln
- Watte

So wird's gemacht:

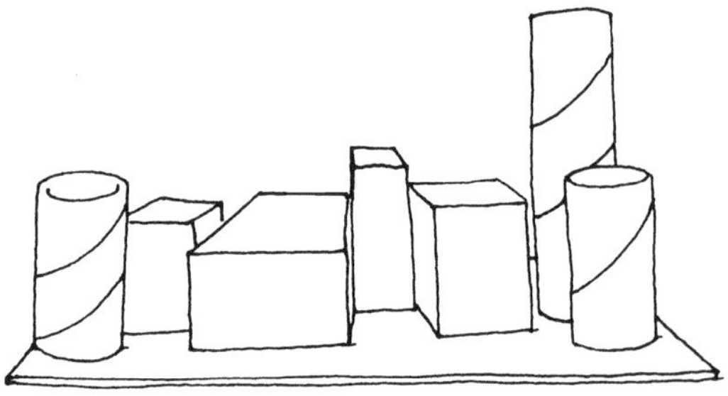

1. Klebe auf die feste Pappe alle Schachteln und Rollen übereinander und nebeneinander.
2. Sprühe die Burg mit dem Silberspray an. Lass die Farbe gut trocknen!

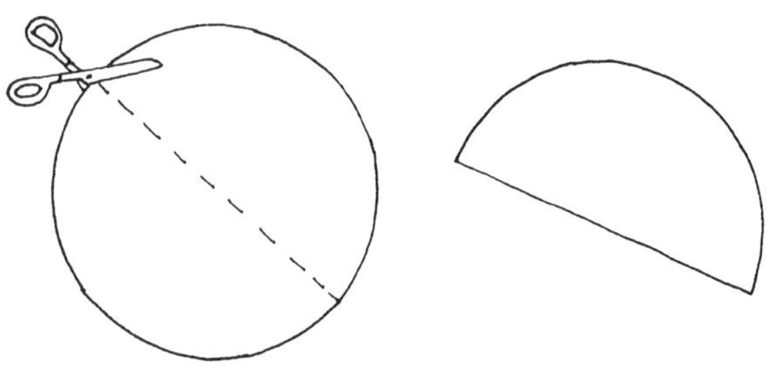

3. Schneide in der Zwischenzeit aus der Alufolie mehrere große Kreise aus.
4. Schneide die Kreise in der Mitte durch.

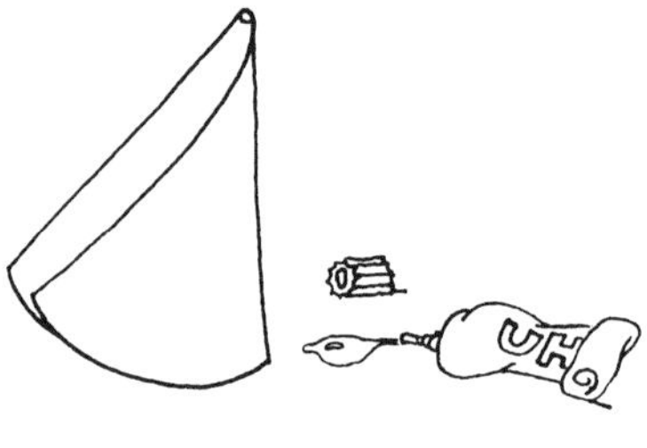

5. Rolle jeden Halbkreis zu einer spitzen Tüte zusammen.
6. Klebe die Tüte an der Kante zusammen.
7. Klebe diese Turmspitzen an deine Burg.
8. Verschönere deine Burg mit Weihnachtskugeln und Bonbonpapier.
9. Du kannst auch Watte auf die Burg oder die untere Pappe kleben.

 Materialien für den Unterricht: Sandra Noa, Winter in der 1. und 2. Klasse © Hase und Igel Verlag, Garching b. München

2. Kapitel: Feste und Feiertage

Vorbemerkung

Weihnachten stellt das zentrale Fest des Winters dar, mit dem gerade Kinder zahlreiche Erwartungen und positive Erinnerungen verbinden. Aber auch der Jahreswechsel ist für die Schüler ein herausragendes Ereignis. Christliche Kinder kennen zumeist auch den Feiertag „Heilige Drei Könige", der am 6. Januar begangen wird und in Baden-Württemberg, Bayern und Sachsen-Anhalt ein gesetzlicher Feiertag ist. Im Kirchenjahr ist mit diesem Tag die Weihnachtszeit noch nicht beendet, obwohl dies oft angenommen wird. Erst das Fest der „Darstellung des Herrn" (Mariä Lichtmess) bildet 40 Tage nach Weihnachten den Abschluss der Weihnachtszeit.

Fasching bzw. Karneval ist gerade für Kinder ein schönes und wichtiges Fest, das auch im Rahmen der Schule oft gebührend begangen wird. Der Valentinstag hat sich erst in den vergangenen Jahren bei uns etabliert, was besonders durch kommerzielle Interessen der Süßwarenindustrie und der Blumengeschäfte unterstützt wird.

Lehrplanbezug

Sachunterricht
- Jahreszeiten kennen und bewusst erleben
- Feste und Brauchtum im Jahreskreis mitgestalten

Deutsch
- Einfache Anleitungen lesen und verstehen
- Informierende Texte lesen und verstehen
- Zusammengesetzte Namenwörter bilden

Kunst
- Mit unterschiedlichen Materialien umgehen
- Malen, basteln und gestalten

Musik
- Altersgemäße Lieder zu jahreszeitlichen Festen singen

Zu den Kopiervorlagen

KV Seite 26

Weihnachten bei uns zu Hause
Der erste Teil der Seite bietet eine Übung auf der Wortebene, bei der die Kinder die Kugeln mit Weihnachtswörtern anmalen. Als Differenzierung schreiben schnellere und leistungsstärkere Kinder die Begriffe nochmals in ihr Heft und ergänzen weitere Wörter, die ihnen zum Thema „Weihnachten" einfallen.

Der untere Teil der Seite regt die Kinder zum freien Schreiben zum Thema „Weihnachten" an. Es dürfte den Kindern leichtfallen, hierzu einige Sätze zu formulieren.

Lösung
Aufgabe 1:
Krippe, Tannenbaum, Christbaumkugeln, Kerzen, Geschenke, Stern, Engel, Plätzchen, Nüsse

KV Seite 27

Weihnachtsgirlande
Die Weihnachtsgirlande ist schnell gebastelt und es bedarf keiner großen Materialeinkäufe. Für die Tannenbäume ist grünes Tonpapier am besten geeignet, da dieses sich auch dann noch gut schneiden lässt, wenn es mehrfach gefaltet worden ist. Vorab können die Kinder Versuche mit einfachem weißem Papier machen (in der Länge einen Streifen abschneiden).

Wenn alle Schüler Weihnachtsgirlanden gebastelt haben, entsteht eine weihnachtliche Bordüre an den Fenstern des Klassenzimmers.

KV Seite 28

Wir basteln Geschenkpapier
Da die Kinder beim Herstellen der Stempel aus Kartoffeln mit dem Messer hantieren müssen, sollten ihnen Erwachsene unbedingt dabei helfen. Das Geschenkpapier können die Schüler sowohl für Weihnachtsgeschenke als auch zum Verpacken von kleinen Aufmerksamkeiten zum Valentinstag benutzen.

Mit den Kartoffelstempeln lässt sich nicht nur Papier bedrucken. Mit Textilfarbe können die Schüler auch T-Shirts, Baumwolltaschen, Tücher etc. gestalten.

KV Seite 29

Leckere Weihnachtsmuffins
Muffins kommen ursprünglich aus England und waren dort bereits im 10. Jahrhundert als kleine Hefekuchen bekannt. Sie wurden von „Muffin Men" auf der Straße verkauft und getoastet und mit Marmelade bestrichen zum Frühstück oder zum Tee gereicht.

Als im 19. Jahrhundert das Backpulver erfunden wurde, backte man Muffins in den USA aus Rührteig – und so kennt man sie bis heute. Typisch für den amerikanischen Rührteig ist dabei, dass zusätzlich zum Backpulver Natron verwendet wird, was aber nicht unbedingt nötig ist, da sich alle Muffinrezepte auch nur mit Backpulver zubereiten lassen.

Für das Herstellen von Muffins brauchen Sie keinen elektrischer Mixer. Eine Gabel reicht zum Vermischen der trockenen Zutaten und der Milchmasse aus und führt sogar zu besseren Backergebnissen.

KV Seite 30

O Tannenbaum

Meist kennen die Kinder nur die erste Strophe oder eine „Quatsch-Version" dieses Liedes. Der Text hat seinen Ursprung in Melchior Francks „Ach Tannenbaum" aus dem 16. Jahrhundert. Zum Weihnachtslied wurde es allerdings erst im 19. Jahrhundert, als das Aufstellen von Weihnachtsbäumen bereits fester Brauch war.

Die Melodie ist eine seit dem 16. Jahrhundert bekannte Volksweise. Dadurch konnte sich das Lied schnell verbreiten und wurde ein sehr beliebtes Weihnachtslied.

„O Tannenbaum" gibt es als Weihnachtslied in vielen Sprachen. Nehmen Sie sich den Text mit den Schülern auch in einer anderen Sprache vor. Das ist besonders reizvoll, wenn Kinder aus anderen Herkunftsländern in der Klasse sind.

KV Seite 31

Glücksbringer für das neue Jahr

Die Kinder bilden zusammengesetzte Nomen und schreiben sie auf. Weisen Sie die Kinder dabei besonders auf das Fugen-s in Wörtern wie „Glückstag" oder „Glücksbringer" hin.

Leistungsstarke Schüler schreiben als Differenzierung zusammengesetzte Namenwörter mit drei Wortbestandteilen auf, z. B. Fliegenpilzwald, Hufeisennagel, Kleeblattwiese etc.

Lösung

Aufgabe 1:

Glücksschwein, Schornsteinfeger, Fliegenpilz, Hufeisen, Kleeblatt

Aufgabe 2:

Glücksrad, Glückskäfer, Glückstag, Glücksbringer, Glückszahl, Glücksfee

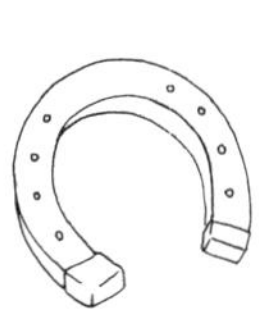

KV Seite 32

Wünsche zum neuen Jahr

Für diese einfache Bastelarbeit benötigen Sie nur wenige Materialien. Zudem bietet sie einen sinnvollen Schreibanlass, bei dem die Kinder überlegen, was sie einem anderen Menschen zum neuen Jahr wünschen.

Sprechen Sie mit Ihren Schülern über Glücksbringer: Hast du zum Jahreswechsel schon einmal einen Glücksbringer bekommen? Was war das? Zu welchen anderen Gelegenheiten werden Glücksbringer verschenkt?

KV Seite 33

Die Heiligen Drei Könige

Der Text bietet Informationen über die „Heiligen Drei Könige" und das „Sternsingen", einen alten Brauch, der bis in das 16. Jahrhundert zurückgeht. Die Sternsingeraktion ist weltweit die größte von Kindern für Kinder organisierte Hilfsaktion, bei der Spenden für Hilfsbedürftige in der ganzen Welt gesammelt werden.

Die Kinder lesen den Text individuell. Anschließend kreuzen sie die zutreffenden Sätze an und zeigen dadurch, dass sie den Text verstanden haben.

Lösung

- ☐ Die Heiligen Drei Könige nannte man Caspar, Melchior und Benjamin.
- ☒ Die Heiligen Drei Könige nannte man Caspar, Melchior und Balthasar.
- ☐ Die Heiligen Drei Könige nannte man Jakob, Melchior und Balthasar.

- ☐ Die Heiligen Drei Könige kamen aus dem Mittagland.
- ☐ Die Heiligen Drei Könige kamen aus dem Abendland.
- ☒ Die Heiligen Drei Könige kamen aus dem Morgenland.

- ☐ Die Könige verschenkten Gold, Weihrauch und Möhren.
- ☐ Die Könige verschenkten Silber, Gold und Myrrhe.
- ☒ Die Könige verschenkten Gold, Weihrauch und Myrrhe.

KV Seite 34

Ein Mandala zum Valentinstag

Seit einigen Jahren hat sich der Valentinstag mit seinen Bräuchen auch in Deutschland etabliert. Der 14. Februar gilt als „Tag der Liebenden", in Finnland wird er aber eher als „Freundschaftstag" begangen. Der Valentinstag kann zum Anlass genommen werden, jenseits kommerzieller Interessen der Floristen und der Süßwarenindustrie einem lieben Menschen eine Freude zu bereiten und ihm eine Kleinigkeit zu schenken. Diesem Zweck dient das Mandala auf der Kopiervorlage. Die Kinder gestalten es farbig und schneiden es anschließend aus. Besonders reizvoll ist es, wenn sie jemandem, den sie mögen, heimlich das Mandala zustecken. Ob er oder sie wohl errät, von wem es kommt?

Valentinstag

Der Valentinstag geht auf den heiligen Valentin zurück, der im 3. Jahrhundert Bischof der italienischen Stadt Terni war, wo er heimlich einige Verliebte christlich traute. Es heißt, er habe den Menschen immer wieder bunte Blumensträuße aus seinem Klostergarten geschenkt. Bischof Valentin starb als Märtyrer: Kaiser Claudius ließ ihn wegen seines christlichen Glaubens am 14. Februar 269 hinrichten.

KV Seite 35

Der Fasching ist da!

Dieses Lied können alle gemeinsam zur Einstimmung in die tollen Tage singen. Es eignet sich auch gut als Lied während eines kleinen Karnevalsumzugs um die Schule oder als musikalische Untermalung einer Kostümschau.

Überlegen Sie gemeinsam mit den Kindern, mit welchen Instrumenten sie den Gesang untermalen können, damit das „Trara tschinbumm trara“ nicht nur verbal gut zu hören ist (Rasseln, Becken, Triangel, Trommeln etc.).

Fasching/Karneval

Fasching, Fastnacht, Fassenacht, Karneval – in Deutschland gibt es verschiedene Bezeichnungen für die närrische Zeit. Die Bezeichnung „Fasching“ stammt aus dem Mittelniederdeutschen und bedeutet „Beginn der Fastenzeit“. Sie ist geläufig in Ostdeutschland und Bayern.

Der Begriff „Fastnacht“ (und seine Abwandlungen) stammt aus dem Althochdeutschen und heißt so viel wie „Abend vor der Fastenzeit“. Er wird vor allem in Hessen, Rheinland-Pfalz, Baden-Württemberg und im Saarland verwendet.

Das Wort „Karneval“ leitet sich ab aus dem Lateinischen „carne vale“ und bedeutet „Fleisch, lebe wohl“. Dieser Begriff hat sich z. B. im Rheinland etabliert.

Der Fasching als Zeit der Ausgelassenheit vor der Fastenzeit fand und findet fast ausschließlich in katholischen Gebieten statt. Mit der Reformation verschwand im 16. Jhdt. vielerorts die Fastnacht.

KV Seite 36

Eine Maske basteln

Eine Tiermaske aus einem Pappteller ist schnell gebastelt und macht den Kindern viel Freude. Neben Tiermasken für einen Hund, einen Bären oder eine Katze können die Schüler alternativ auch fantastische Masken für „Außerirdische“ basteln, die sie mit Glitzerfolie und Glitzerfarben, kleinen „Antennen“ und anderen Details verzieren.

KV Seite 37

Faschingsrätsel

Die kleinen Verse der Kopiervorlage sind bereits von Leseanfängern gut zu bewältigen. Durch das Verbinden mit der passenden Abbildung ist eine Kontrolle des verstehenden Lesens gegeben.

Regen Sie die Kinder auch zum freien Schreiben an: Schreibe auf, wie du dich selbst gerne zu Karneval/Fasching verkleiden möchtest. Begründe deine Wahl.

Lösung

Name:

Weihnachten bei uns zu Hause

Was gehört zum Weihnachtsfest?
Male die passenden Wörter-Kugeln bunt an.

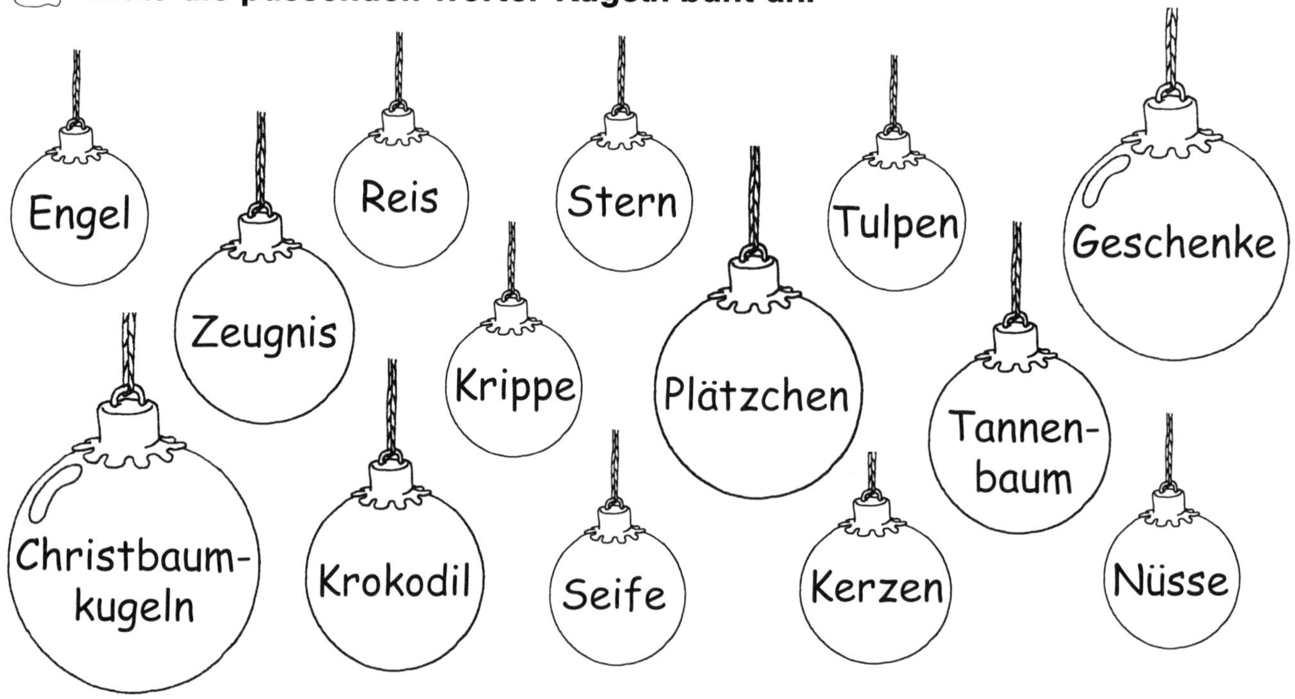

Wie feierst du Weihnachten bei dir zu Hause? Schreibe auf, was ihr alles zusammen macht und was dir besonders gut gefällt.

 Materialien für den Unterricht: Sandra Noa, Winter in der 1. und 2. Klasse © Hase und Igel Verlag, Garching b. München

Weihnachtsgirlande

Du brauchst:
- grünes Tonpapier
- Bleistift
- Schere

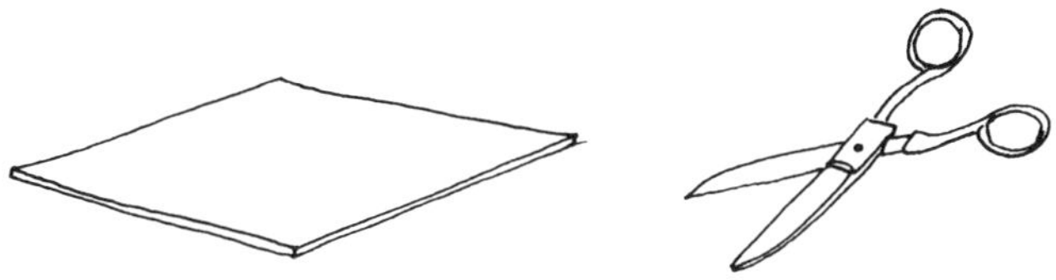

So wird's gemacht:

1. Falte einen mindestens 25 cm langen Streifen Tonpapier wie vorgegeben.

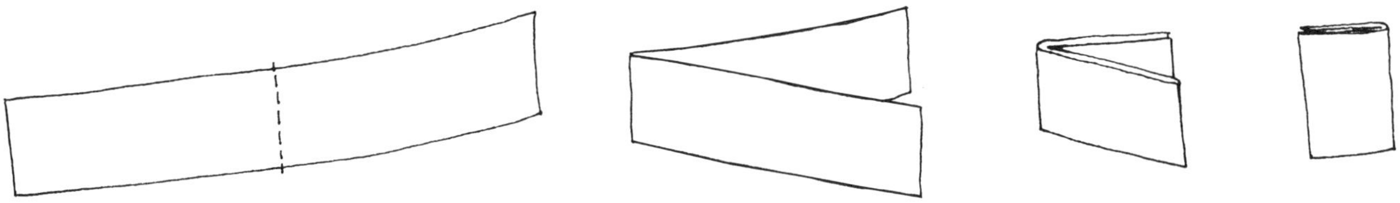

2. Male auf das Tonpapier einen Tannenbaum und schneide ihn aus. Achte darauf, dass auf beiden Seiten des Bildes ein Stück Falz stehen bleibt.

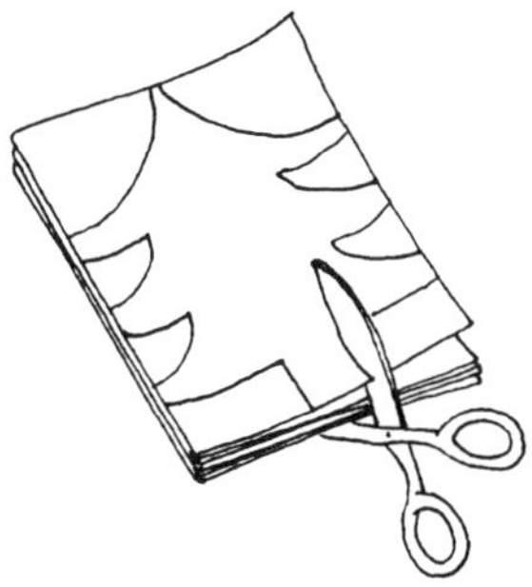

3. Ziehe die Weihnachtsgirlande auseinander.

Tipp: Versuche auch einmal, Weihnachtsgirlanden mit anderen Formen herzustellen. Sterne und Herzchen eignen sich ebenfalls gut und sind ein schöner Fensterschmuck.

Wir basteln Geschenkpapier

Schenken macht Spaß – erst recht, wenn das Geschenkpapier selbst gestaltet ist!

Du brauchst:

- einige Kartoffeln
- Messer
- Packpapier
- Pinsel und Wasserfarben

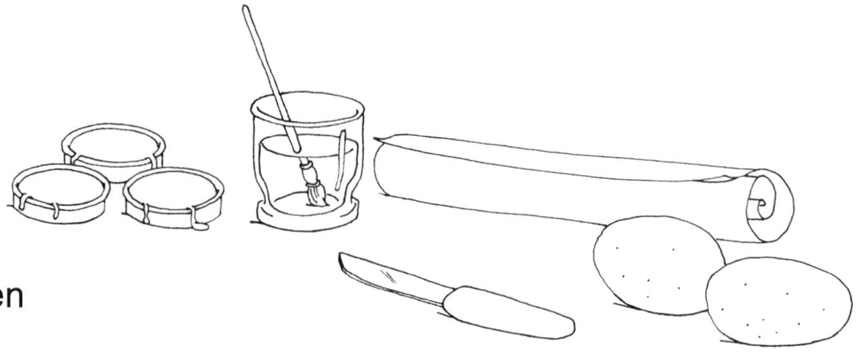

So wird's gemacht:

1. Schneide eine Kartoffel in der Mitte durch.
2. Schneide eine Form in die frei liegende Fläche der Kartoffel. Ein Dreieck zu schneiden, ist zum Beispiel nicht so schwer. Lass dir dabei von einem Erwachsenen helfen!
3. Schneide die Seitenteile neben deiner Form etwas tiefer ab, damit du einen Stempel erhältst.

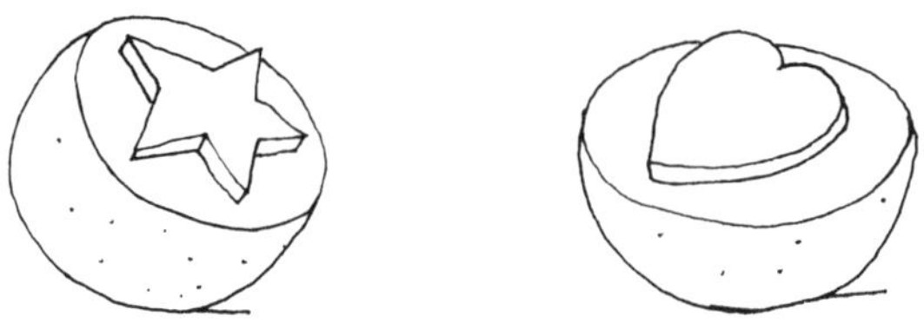

4. Färbe die Stempelfläche mit verschiedenen Farben ein und drücke die Kartoffel auf das Packpapier.

 Materialien für den Unterricht: Sandra Noa, Winter in der 1. und 2. Klasse © Hase und Igel Verlag, Garching b. München

Leckere Weihnachtsmuffins

Für Muffins (sprich: Maffinns) nimmst du am besten ein spezielles Muffinblech. Es hat zwölf Vertiefungen, in die du kleine Papierförmchen setzt. Dort hinein gibst du den Teig. Du kannst den Teig aber auch ohne Form und dafür in zwei Papierförmchen backen.

Für 12 – 16 Muffins brauchst du:

- 125 g Butter oder Margarine
- 80 g Zucker
- 2 EL Honig
- 1 Prise Salz
- 3 Eier
- 125 g Mehl
- 2 TL Backpulver
- 2 EL Kakao
- 1 TL Lebkuchengewürz
- 100 ml Milch
- 100 g gehackte Mandeln oder Haselnüsse

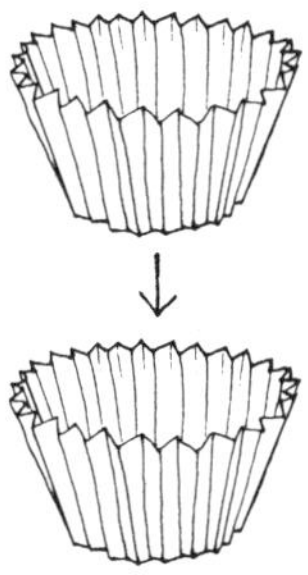

So wird's gemacht:

1. Erhitze die Butter oder Margarine in einem Topf auf niedriger Stufe. Lass sie anschließend abkühlen.
2. Verrühre die zerlassene Butter mit dem Zucker, dem Honig und dem Salz.
3. Gib die Eier dazu und verrühre alles.
4. Mische in einer Schüssel das Mehl, das Backpulver, den Kakao und das Lebkuchengewürz.
5. Gib die Ei-Masse und die Milch dazu und verrühre alles.
6. Hebe die gehackten Nüsse oder Mandeln unter.
7. Setze Papierförmchen in das Muffinblech und fülle den Teig gleichmäßig ein.
8. Backe die Muffins bei 175 °C (Umluft 160 °C) ungefähr 25 Minuten.
9. Lass die Muffins auf einem Rost abkühlen.

O Tannenbaum

2. O Tannenbaum, o Tannenbaum,
du kannst mir sehr gefallen!
Wie oft hat schon zur Weihnachtszeit
ein Baum von dir mich hoch erfreut!
O Tannenbaum, o Tannenbaum,
du kannst mir sehr gefallen!

3. O Tannenbaum, o Tannenbaum,
dein Kleid will mich was lehren:
Die Hoffnung und Beständigkeit
gibt Mut und Kraft zu jeder Zeit!
O Tannenbaum, o Tannenbaum,
dein Kleid will mich was lehren.

Name:

Glücksbringer für das neue Jahr

Wie heißen diese Glücksbringer?
Verbinde die passenden Wortteile und schreibe die Namen auf.

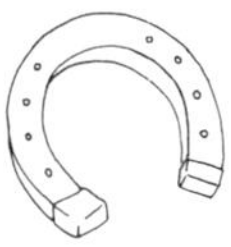

Glücks •	• eisen
Schornstein •	• blatt
Fliegen •	• feger
Huf •	• pilz
Klee •	• schwein

Bilde zusammengesetzte Namenwörter mit den folgenden Wortteilen.

Glücks

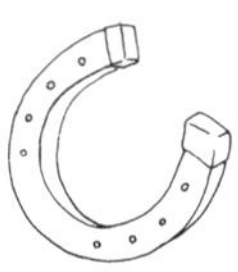

- rad
- käfer
- tag
- bringer
- zahl
- fee

Wünsche zum neuen Jahr

Schneide das Kleeblatt unten aus. Schreibe einen guten Wunsch zum neuen Jahr hinein. Male das Kleeblatt aus.

Beispiel:

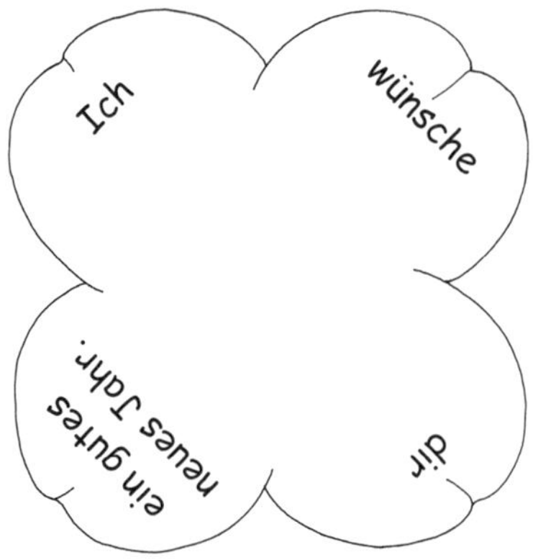

Tipp: Klebe das Kleeblatt auf Pappe und befestige es mit Klebeband an einem Schaschlikspieß. Stecke den Spieß in einen Blumentopf.

 Materialien für den Unterricht: Sandra Noa, Winter in der 1. und 2. Klasse © Hase und Igel Verlag, Garching b. München

Name:

Die Heiligen Drei Könige

Lies den Text. Kreuze die richtigen Sätze an.

In der Bibel steht die Geschichte der **Heiligen Drei Könige.** Man nannte sie Caspar, Melchior und Balthasar. Sie kamen aus dem Morgenland und folgten einem Stern. So fanden sie das Jesuskind im Stall von Bethlehem. Sie brachten kostbare Geschenke mit: Gold, Weihrauch und Myrrhe.

Wir gedenken der Heiligen Drei Könige am 6. Januar. In vielen christlichen Pfarrgemeinden ziehen im Januar die Sternsinger von Haus zu Haus. Sie sind als Heilige Drei Könige verkleidet und bitten um Spenden für Bedürftige in der ganzen Welt. An die Hauseingänge schreiben die Sternsinger die Buchstaben C + M + B und die Jahreszahl. Die Buchstaben sind eine Abkürzung für einen lateinischen Satz, der bedeutet: Christus segne dieses Haus.

- ☐ Die Heiligen Drei Könige nannte man Caspar, Melchior und Benjamin.
- ☐ Die Heiligen Drei Könige nannte man Caspar, Melchior und Balthasar.
- ☐ Die Heiligen Drei Könige nannte man Jakob, Melchior und Balthasar.

- ☐ Die Heiligen Drei Könige kamen aus dem Mittagland.
- ☐ Die Heiligen Drei Könige kamen aus dem Abendland.
- ☐ Die Heiligen Drei Könige kamen aus dem Morgenland.

- ☐ Die Könige verschenkten Gold, Weihrauch und Möhren.
- ☐ Die Könige verschenkten Silber, Gold und Myrrhe.
- ☐ Die Könige verschenkten Gold, Weihrauch und Myrrhe.

Ein Mandala zum Valentinstag

Der Valentinstag ist nicht nur für Verliebte da. In Finnland feiert man am 14. Februar beispielsweise den „Freundschaftstag“. Auch du kannst jemandem, den du gernhast, ein Geschenk machen.

Male das Mandala bunt an und schneide es aus.
Schenke es jemandem, den du magst.

 Materialien für den Unterricht: Sandra Noa, Winter in der 1. und 2. Klasse © Hase und Igel Verlag, Garching b. München

Der Fasching ist da!

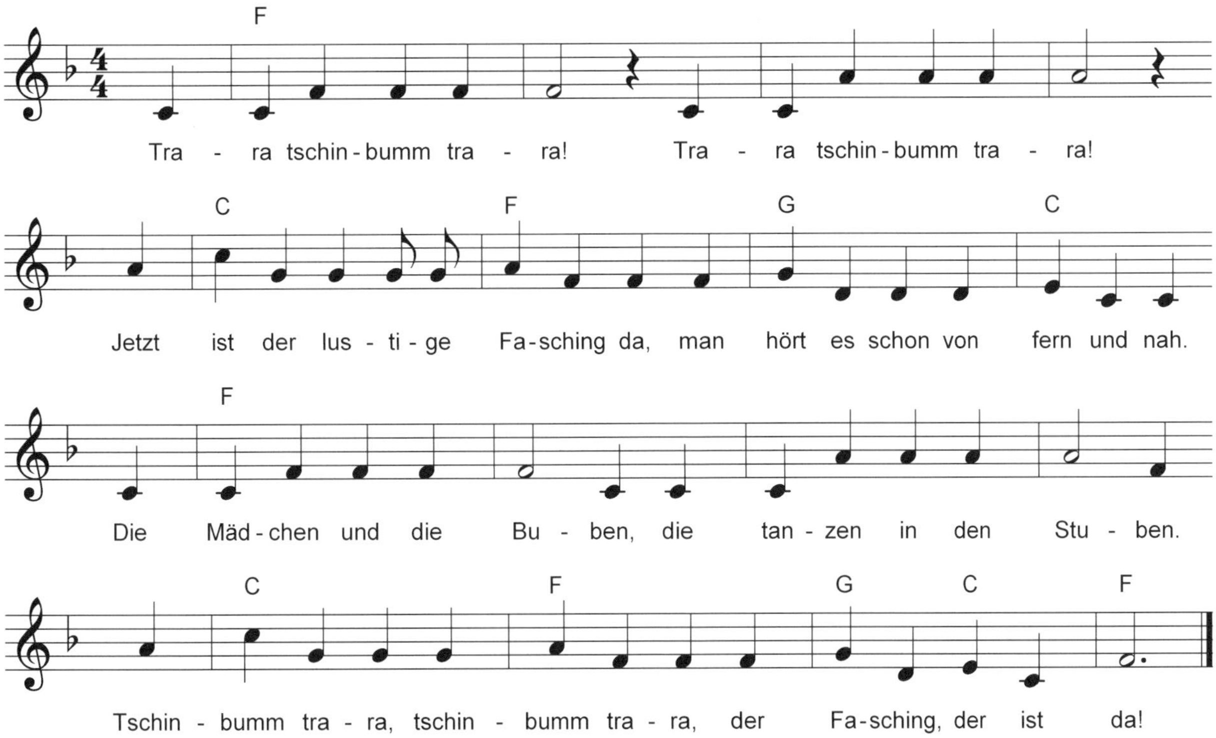

Trara tschinbumm trara!
Trara tschinbumm trara!
Jetzt ist der lustige Fasching da,
man hört es schon von fern und nah.
Die Mädchen und die Buben,
die tanzen in den Stuben.
Tschinbumm trara,
tschinbumm trara,
der Fasching, der ist da!

Eine Maske basteln

Möchtest du dich als Tier verkleiden? Eine Maske kannst du ganz leicht basteln.

Du brauchst:

- einen weißen Pappteller
- Pinsel und Wasserfarben
- Schere
- Kleber
- ein Stück Pappe für die Ohren
- dickes Gummiband

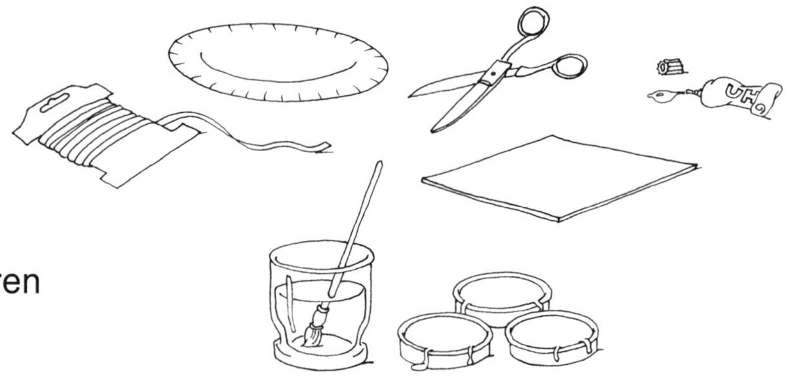

So wird's gemacht:

1. Male auf die Rückseite des Papptellers die Augen. Schneide sie aus. Lass dir dabei am besten von einem Erwachsenen helfen.
2. Male die Rückseite des Tellers so an, wie deine Tiermaske aussehen soll.
3. Klebe Ohren aus Pappe an.
4. Bohre mit der Schere zwei Löcher in die Seiten der Maske. Befestige das Gummiband daran.
5. Wenn du die Maske unten einschneidest und ein wenig übereinanderklebst, erhält die Maske eine schönere Form.

Name:

Faschingsrätsel

Wer ist jeweils gemeint? Verbinde jeden Satz mit dem passenden Bild.

Zaubersprüche kann ich lesen
und auch reiten auf einem Besen.

Mit meinen vier Tatzen
kann ich gut kratzen.

Ich trage ein Gewand
aus Leder,
auf meinem Kopf
ist eine Feder.

Ich schwinge das Lasso
und hüte die Rinder,
so wie ich verkleiden
sich viele Kinder.

Ich mache lustige Sachen
und bringe die Leute
zum Lachen.

Ich bin ein gefährlicher Mann,
der aber gut segeln kann.

3. Kapitel: Winterwörter und Sprachspielereien

Vorbemerkung

Dieses Kapitel regt die Kinder auf vielfältige Weise dazu an, sich mit dem Thema „Winter“ auf sprachlicher Ebene auseinanderzusetzen. Hier finden Sie eine Vielzahl verschiedener Aufgabentypen, die spielerisch angelegt und für die Schüler sehr motivierend sind: Lese-Mal-Aufgaben, verdrehte Wörter, Kreuzworträtsel, „Buchstabensalat“ etc. Die Kinder vertiefen bei der Arbeit einerseits ihre Kenntnisse über den Winter, andererseits werden sie in ihrer Sprach- und Lesekompetenz gestärkt.

Lehrplanbezug

Sachunterricht
- Jahreszeiten kennen und bewusst erleben

Deutsch
- Ein Wörterbuch benutzen / Wörter alphabetisch ordnen
- Sinnentnehmendes Lesen üben
- Textsorte „Bauernregeln“ kennenlernen
- Wortarten unterscheiden: Namenwörter
- Wörter nach Oberbegriffen ordnen

Kunst
- Zum Thema malen
- Texte gestalten

Zu den Kopiervorlagen

KV Seite 43

Winter im Wörterbuch

Diese Kopiervorlage regt die Kinder zum Benutzen ihres Wörterbuchs an. Sie suchen zu den vorgegebenen Wörtern – dem jeweiligen Wörterbuch entsprechend – Vorgänger und Nachfolger. Die Schüler sollten diese Seite individuell bearbeiten. Kopieren Sie das Arbeitsblatt auf Folie und besprechen Sie die Lösung der Aufgabe gemeinsam am Overheadprojektor.

Im zweiten Teil der Seite geht es um Nomen im Singular und im Plural. Gerade für Kinder aus anderen Herkunftsländern ist es meist nicht einfach, sich die richtigen Formen zu merken. Bilden Sie ggf. Zweierteams, um leistungsschwächere Schüler zu unterstützen. So kommen alle Kinder zu einem Erfolgserlebnis.

Lösung
Aufgabe 2:

Einzahl	Mehrzahl
der Handschuh	die Handschuhe
der Stiefel	die Stiefel
die Mütze	die Mützen
der Schneemann	die Schneemänner
der Schlitten	die Schlitten
die Jacke	die Jacken
der Mantel	die Mäntel

KV Seite 44

Winterwörter finden

Setzen Sie diese Rätsel- und Malseite ein, wenn leistungsstärkere Schüler ihr Aufgabenpensum bereits erledigt haben und zusätzliches Material benötigen. Wenn weitere Differenzierung gefordert ist, regen Sie die Kinder auch dazu an, Winterwörter in einem eigenen Gitterrätsel zu verstecken und später einen Partner oder eine Partnerin suchen zu lassen. Die aufzufindenden Wörter sollten allerdings immer vorgegeben werden, damit das andere Kind weiß, was es suchen soll.

Lösung
Aufgabe 1:

C	R	W	S	Y	N	Y	X	R	J	C	B	S	N
L	D	E	Z	E	M	B	E	R	T	R	X	C	Q
Y	Q	I	X	A	Q	C	A	X	Y	G	K	H	T
K	Y	H	E	Y	K	J	X	L	X	S	E	N	X
C	X	N	Y	A	X	R	O	Q	M	X	T	E	Y
J	O	A	L	C	Y	X	S	K	R	C	J	E	R
X	S	C	H	L	I	T	T	E	N	H	K	Y	A
C	G	H	K	Y	R	X	J	G	C	X	O	X	C
Y	X	T	X	I	C	H	Q	R	Y	L	K	M	R
Q	H	E	Y	M	J	X	H	K	A	Q	G	S	Y
X	X	N	R	K	X	L	N	Y	T	U	J	C	E
E	J	M	G	C	Y	H	Y	X	Y	C	X	H	S
I	U	Q	X	E	M	X	F	E	B	R	U	A	R
S	T	I	E	F	E	L	Q	X	K	H	Y	L	X

KV Seite 45

Winter-Kreuzworträtsel
Ein Kreuzworträtsel zu lösen, ist für die meisten Kinder sehr motivierend. Durch die Anzahl der vorgegebenen Kästchen für ein Wort müssen sich die Schüler über die Schreibweise der Wörter Gedanken machen – ein „rechtschriftlicher Nebeneffekt".

Lösung

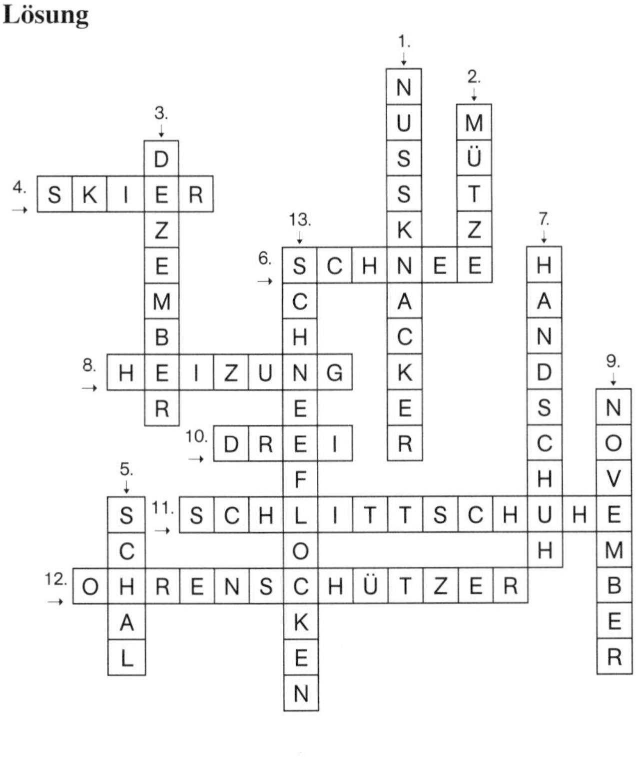

KV Seite 46

Bauernregeln zum Winter
Bauernregeln sind meist in Reimform gefasste alte Volkssprüche über das Wetter und die Folgen für die Landwirtschaft. In früheren Jahrhunderten hatten Ernteerträge eine weitaus höhere Bedeutung für das Überleben der Menschen als heute. In Ermangelung meteorologischer Messinstrumente versuchte man, sich mit überlieferten Einschätzungen Sicherheit über den zu erwartenden wirtschaftlichen Ertrag zu verschaffen.

Die Kinder können zunächst mit einem Partner gemeinsam sortieren, welche Satzteile zusammenpassen. Dann kleben sie die zusammengesetzten Bauernregeln auf ein Blatt oder ins Heft.

Als ergänzende Aufgabe können Sie die Kinder auffordern zu Hause weitere Bauernregeln zu erfragen. Zusätzlich können die Schüler auch im Internet recherchieren. Die gefundenen Bauernregeln notieren die Kinder – nach Jahreszeiten geordnet – auf Plakaten und hängen sie im Klassenzimmer auf.

Lösung
Aufgaben 1/2:

Langer Schnee im März	bricht dem Korn das Herz.
Spielen Mücken im Februar,	frier'n Schafe und Bienen das ganze Jahr.
Am Neujahrstage Sonnenschein,	lässt das Jahr uns fruchtbar sein.
Taut's im März nach Sommerart,	kriegt April 'nen weißen Bart.
Dezember mild, mit vielem Regen,	ist für die Saat kein großer Segen.
Kriechen die Eichhörnchen früh ins Nest,	wird der Winter hart und fest.

KV Seite 47

Lies und male!
Lese-Mal-Aufgaben stärken die Lesekompetenz und sind für Kinder sehr motivierend. Passend zum Text malen die Schüler das Bild an und ergänzen Details. Diese Aufgabe überprüft das sinnentnehmende Lesen.

KV Seite 48

Wortsalat im Schneegestöber
Im ersten und zweiten Schuljahr stehen Laut-Buchstaben-Zuordnungen und somit Übungen am Wort noch stark im Mittelpunkt des Rechtschreibunterrichts. Auf dieser Kopiervorlage werden in einer Illustration „verpurzelte Wörter" angeboten, die die Kinder

richtig aufschreiben sollen. Dazu ist genaues Hinsehen erforderlich, was Einsichten in die Struktur der Wörter vermitteln kann.

Zudem ermitteln die Schüler Namenwörter als Wortart und unterstreichen sie. Besprechen Sie das Ergebnis anschließend und wiederholen Sie ggf. mit den Kindern, woran sie Namenwörter erkennen können.

Lösung

Folgende Wörter sind verpurzelt (Namenwörter unterstrichen): frieren, Januar, Ofen, Eis, Tee, kalt, Karneval, Schal, zittern, Schlitten, Schneemann, fahren, gleiten, Dezember, Handschuhe.

Eine Buchstabenlandschaft (KV Seite 49)

Die Kenntnis des Alphabets ist ein wichtiges Lernziel in ersten und zweiten Schuljahr. Hier geht es darum, versteckte Wörter aufzufinden und anschließend alphabetisch zu ordnen. Die Kinder können mit einem Partner arbeiten und vergleichen, ob sie alle Wörter gefunden haben. Anschließend ordnen die Schüler die Wörter alphabetisch. Relevant ist der erste Buchstabe der Wörter.

Lösung

Aufgabe 1:

CKDFIJLLFERVDMKTZK**DEZEMBER**UIFGWJRM-
DJNAM**MÜTZE**QWOLPAYVN
MLKLWTZPRZHACHT**SCHNEE**EPLKLEIGDNAM-
CNVLWPUTJDN**EIS**BATRWF
BRGNTHMZ**JANUAR**LOHGGXDTZAGRTHTAYSW-
EDXDFGEA**BESEN**YPWMEB
ZCHG**KARNEVAL**ABCPOHGQWEUSNVMFLAPOE-
RIOFKRD**OFEN**BASFRQN
MLALEWQPMVNDSELOFDJ**TEE**FHGAUTPLKQW-
WIOMSDWILUEDCNURCKF
HLIEOPÖQFCRNU**FEBRUAR**CNDIUFÖQNIULVGU-
ZVCNL**HEIZUNG**DICLORF
NUIRXMFOLLMFMMMDDJHGVBLPRCDLIFLMCI-
FXNFK**GARTEN**ACILWEUC

Aufgabe 2:

1. Besen
2. Dezember
3. Eis
4. Februar
5. Garten
6. Heizung
7. Januar
8. Karneval
9. Mütze
10. Ofen
11. Schnee
12. Tee

Das tun wir im Winter (KV Seite 50)

Jedes Kind hat Winter-Erlebnisse und kann davon ausgehend die Tätigkeiten einkreisen, die zum Winter passen. Dies setzt verstehendes Lesen voraus. Sprechen Sie mit den Schülern darüber, welche Tätigkeiten auch zu anderen Jahreszeiten passen (mit Freunden spielen, lesen). Im zweiten Teil der Seite schreiben die Schüler auf, was sie im Winter am liebsten machen. Wer möchte, kann auf der Rückseite der Kopiervorlage ein Bild dazu malen.

Überlegen Sie darüber hinaus mit den Kindern, welche Winter-Aktivität sie vielleicht einmal im Klassenverband gemeinsam ausüben möchten.

Lösung

Aufgabe 1:

Schlittschuh laufen, Ski fahren, Tee trinken, Sterne basteln, Nüsse knacken, frieren, mit Freunden spielen, Weihnachtsgeschenke kaufen, lesen

Wer schafft hier Ordnung? (KV Seite 51)

Die Kinder ordnen bei der ersten Aufgabe Wörter nach den Oberbegriffen Wetter, Kleidung und Sportgeräte. Im zweiten Teil der Seite ergänzen die Schüler weitere Winterwörter aus dem Bereich Kleidung. Diese Aufgabe eignet sich für die Partnerarbeit oder als Hausaufgabe.

Lösung

Aufgabe 1:

Wetter	Kleidung	Sportgeräte
Sturm	Handschuhe	Eishockeyschläger
Glatteis	Mütze	Schlittschuhe
Hagel	Schal	Schlitten
Frost	Skihose	Skier
Schnee	Stiefel	Snowboard

Malen nach Buchstaben (KV Seite 52)

Diese spielerisch angelegte Kopiervorlage setzt die Kenntnis der fünf Vokale a, e, i, o, u voraus, die die Kinder in den einzelnen Feldern der Illustration identifizieren und anmalen sollen. Erläutern Sie den

Begriff „Selbstlaut" vor der Bearbeitung der Seite ggf. nochmals.

Regen Sie die Schüler an, die Felder nur leicht gelb auszumalen. Wenn sie das Motiv erkennen können, dürfen die Kinder das Bild auch mit verschiedenen Buntstiften anmalen. Als Differenzierung markieren schnellere Schüler in Wörtern und kleinen Texten alle Selbstlaute.

Lösung

KV Seite 53

Versteckte Wörter

Diese Kopiervorlage animiert die Kinder auf spielerische Weise dazu, die Wörter genau anzuschauen und den Wortbestandteil „eis" jeweils einzukreisen. Die zweite Aufgabe ist etwas schwieriger, daher empfiehlt es sich, diese Übung in einer leistungsschwächeren Lerngruppe gemeinsam zu lösen. Sammeln Sie an der Tafel oder am Overheadprojektor mit den Kindern Wörter, in denen der Bestandteil „ein" versteckt ist (z. B. klein, mein, sein, rein, Bein, Wein, kein, allein, fein, Leine). Diese Übungen vertiefen das Bewusstsein für Wortstrukturen und sind bei der Entwicklung der Rechtschreibkompetenz hilfreich.

KV Seite 54

Verdrehte Winterwörter

Auch bei dieser Übung müssen die Kinder die Winterwörter (zusammengesetzte Nomen) genau betrachten, damit sie sie im zweiten Schritt richtig aufschreiben können. Der erste Buchstabe der beiden Wortbestandteile ist jeweils vertauscht. Nach diesem Prinzip können die Kinder auch selbst Zusammensetzungen finden, die aus zwei Nomen bestehen, und die Buchstaben entsprechend vertauschen.

Lösung

Aufgabe 1:

Schneeglöckchen, Tannenbaum, Vogelhaus, Winterschlaf, Meisenring, Gletscherfloh, Wintermantel, Regenwolke

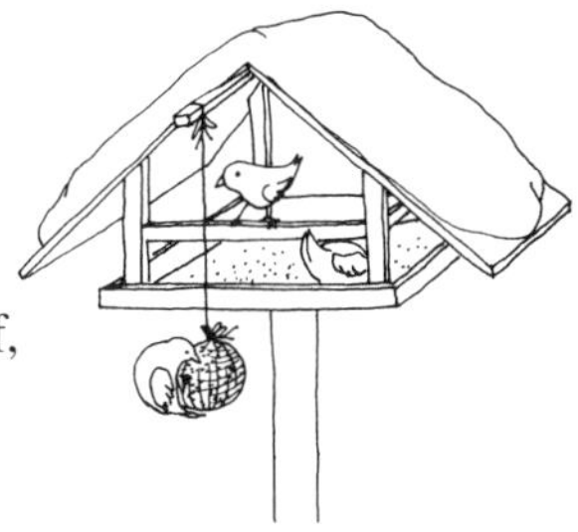

KV Seite 55

Grafische Gedichte

Die Kopiervorlage vermittelt den Kindern anschaulich, dass es bei manchen Gedichten eine besondere Beziehung zwischen äußerer Form und Inhalt gibt. Schreiben Sie als Einstieg das Gedicht oben auf der Seite in seiner besonderen Form an die Tafel. Die Kinder äußern sich dazu, was ihnen auffällt. Wenn das Stichwort „Tannenbaum" gefallen ist, zeichnen Sie den Umriss einer Tanne um den Text. Falls die Kinder nicht von sich aus auf den Tannenbaum kommen, geben Sie den Umriss einfach vor.

Teilen Sie anschließend die Kopiervorlage aus. Die Kinder lesen zunächst nochmals das Tannengedicht und gestalten dann selbst einen Text über den Schneeball in dem Umriss. Der Anfang ist schon vorgegeben.

Helfen Sie leistungsschwächeren Kindern, indem Sie weitere Wörter für das Gedicht an die Tafel schreiben, die die Schüler nur noch in dem Schneeball verteilen. Anschließend können alle Kinder das Gedicht ausschneiden und auf einen farbigen Untergrund kleben. Hängen Sie die Schneebälle als winterliche Dekoration im Klassenzimmer auf.

KV Seite 56

Winter-Sudoku

Sudoku-Rätsel machen Spaß und können ein besonderes Angebot für Kinder sein, die bei der sprachlichen Erarbeitung des Themas nicht unbedingt „die Nase vorn" haben. Hier sind statt Zahlen Wörter einzutragen. Das Rätsel gilt als gelöst, wenn in jeder Zeile, in jeder Spalte und in jedem der vier Felder jedes Wort einmal vorkommt.

Als Differenzierung erstellen leistungsstärkere und schnellere Schüler eigene Sudokus mit vier Wörtern oder mit vier Silben eines Wortes.

Lösung

Schlitten	Schnee	Winter	Eis
Winter	Eis	Schlitten	Schnee
Eis	Winter	Schnee	Schlitten
Schnee	Schlitten	Eis	Winter

KV Seite 57

Rodelspaß mit Stolperwörtern

Übungen mit derartigen „Stolperwörtern“ fördern das genaue, sinnentnehmende Lesen. Zudem macht es Kindern meist Freude, die falschen Wörter zu finden und durchzustreichen. Wer mit der Aufgabe fertig ist, kann sich an einen eigenen Text heranwagen und in der Ich-Form aufschreiben, was er selbst schon einmal beim Rodeln erlebt hat.

Alternativ können die Schüler auch über andere Wintersporterlebnisse schreiben. Lassen Sie die Schüler ihre Texte anschließend in der Klasse vorlesen. Die zuhörenden Kinder geben eine Rückmeldung, was ihnen an dem Text gut gefallen hat oder was man noch etwas besser machen könnte. Wichtig ist, dass der Autor immer zunächst eine positive Rückmeldung erhält, dann erst sollten Verbesserungsvorschläge folgen.

Lösung

Es ist ein kalter Tag ~~Winter~~ im Januar.
In der Nacht ~~Fenster~~ hat es heftig geschneit.
Alle ~~neu~~ Kinder holen ihren Schlitten.
Sie treffen sich am Hügel ~~alt~~ und rodeln.
Ninas roter Schlitten ~~kurz~~ ist am schnellsten.
Sie flitzt an ~~Schnee~~ allen Kindern vorbei.
Immer ~~sehr~~ wieder rodelt sie den Berg hinunter.
Das macht Spaß ~~Fußball~~!
Hoffentlich ~~Brief~~ bleibt der Schnee noch länger liegen!

KV Seite 58

Der Wintersmann

Das kleine Gedicht stammt von einem unbekannten Verfasser. Die Personifizierung des Winters können die Kinder gut in ihrer Zeichnung aufgreifen, indem sie darstellen, wie der „Wintersmann“ aussehen könnte. Die Schüler stellen sich dazu am besten vor, dass sie den Winter von einem Zimmer aus durch ein Fenster betrachten. Eventuell kann das Fenster auch in die Illustration einbezogen werden.

Fordern Sie die Kinder außerdem dazu auf, das Gedicht auswendig zu lernen. Das ist bereits von Erstklässlern gut zu leisten.

Auch das folgende Gedicht kann von den Kindern auswendig gelernt und als Vortrag geübt werden.

Es schneit, hurra, es schneit!
Schneeflocken weit und breit!
Ein lustiges Gewimmel
kommt aus dem grauen Himmel.

Was ist das für ein Leben!
Sie tanzen und sie schweben.
Sie jagen sich und fliegen,
der Wind bläst vor Vergnügen.

Und nach der langen Reise,
da setzen sie sich leise
aufs Dach und auf die Straße
und frech dir auf die Nase.

Volksgut

Name:

Winter im Wörterbuch

Schau in deine Wörterliste oder in dein Wörterbuch: Zwischen welchen beiden Wörtern stehen die folgenden Namenwörter? Schreibe jeweils den Vorgänger und den Nachfolger auf.

______ ← Dezember → ______

______ ← Schnee → ______

______ ← Eis → ______

______ ← Ofen → ______

______ ← Winter → ______

Schreibe die folgenden Namenwörter jeweils in der Mehrzahl auf. Denke auch an die Begleiter.

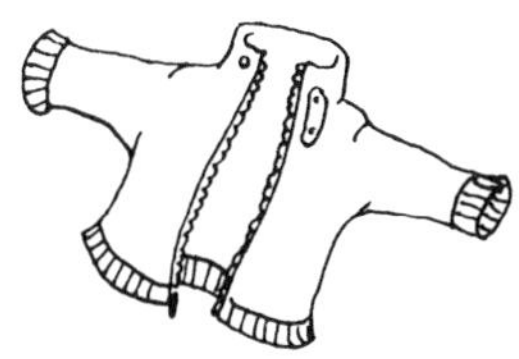

Einzahl	Mehrzahl
der Handschuh	die Handschuhe
der Stiefel	
die Mütze	
der Schneemann	
der Schlitten	
die Jacke	
der Mantel	

Name:

Winterwörter finden

In diesem Gitterrätsel sind acht Namenwörter zum Winter versteckt. Sie sind von links nach rechts und von oben nach unten geschrieben. Kreise sie ein.

C	R	W	S	Y	N	Y	X	R	J	C	B	S	N
L	D	E	Z	E	M	B	E	R	T	R	X	C	Q
Y	Q	I	X	A	Q	C	A	X	Y	G	K	H	T
K	Y	H	E	Y	K	J	X	L	X	S	E	N	X
C	X	N	Y	A	X	R	O	Q	M	X	T	E	Y
J	O	A	L	C	Y	X	S	K	R	C	J	E	R
X	S	C	H	L	I	T	T	E	N	H	K	Y	A
C	G	H	K	Y	R	X	J	G	C	X	O	X	C
Y	X	T	X	I	C	H	Q	R	Y	L	K	M	R
Q	H	E	Y	M	J	X	H	K	A	Q	G	S	Y
X	X	N	R	K	X	L	N	Y	T	U	J	C	E
E	J	M	G	C	Y	H	Y	X	Y	C	X	H	S
I	U	Q	X	E	M	X	F	E	B	R	U	A	R
S	T	I	E	F	E	L	Q	X	K	H	Y	L	X

Dezember

Schal

Weihnachten

Schnee

Schlitten

Eis

Februar

Stiefel

Male Bilder zu drei Wörtern, die du gefunden hast.

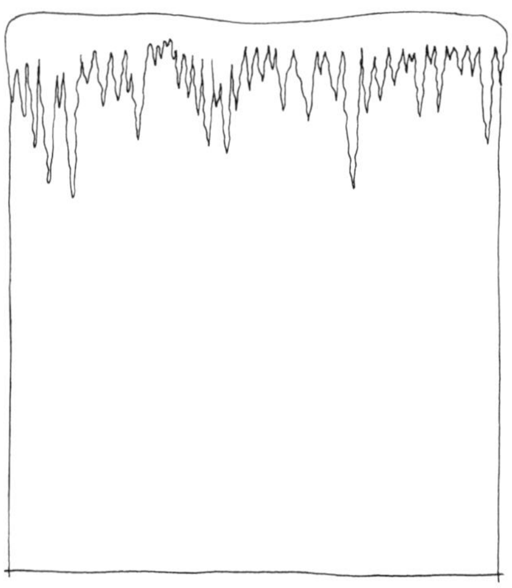

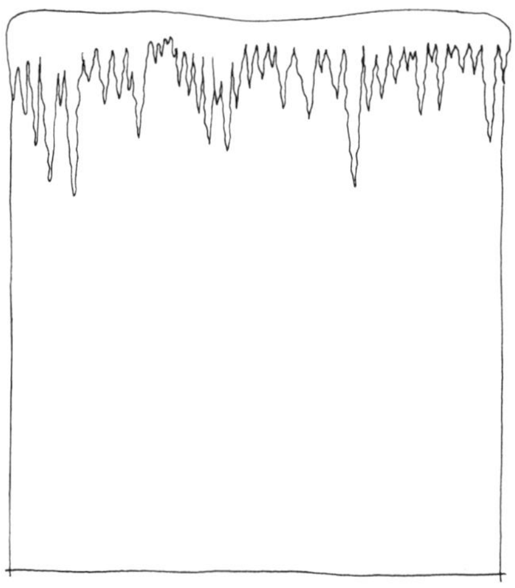

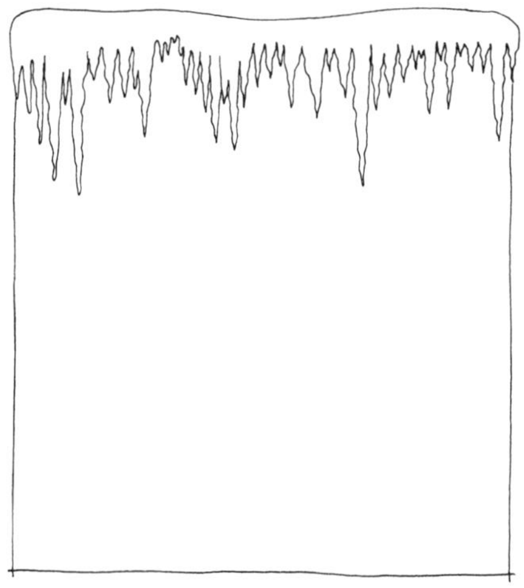

Materialien für den Unterricht: Sandra Noa, Winter in der 1. und 2. Klasse © Hase und Igel Verlag, Garching b. München

Name:

Winter-Kreuzworträtsel

Löse das Kreuzworträtsel.

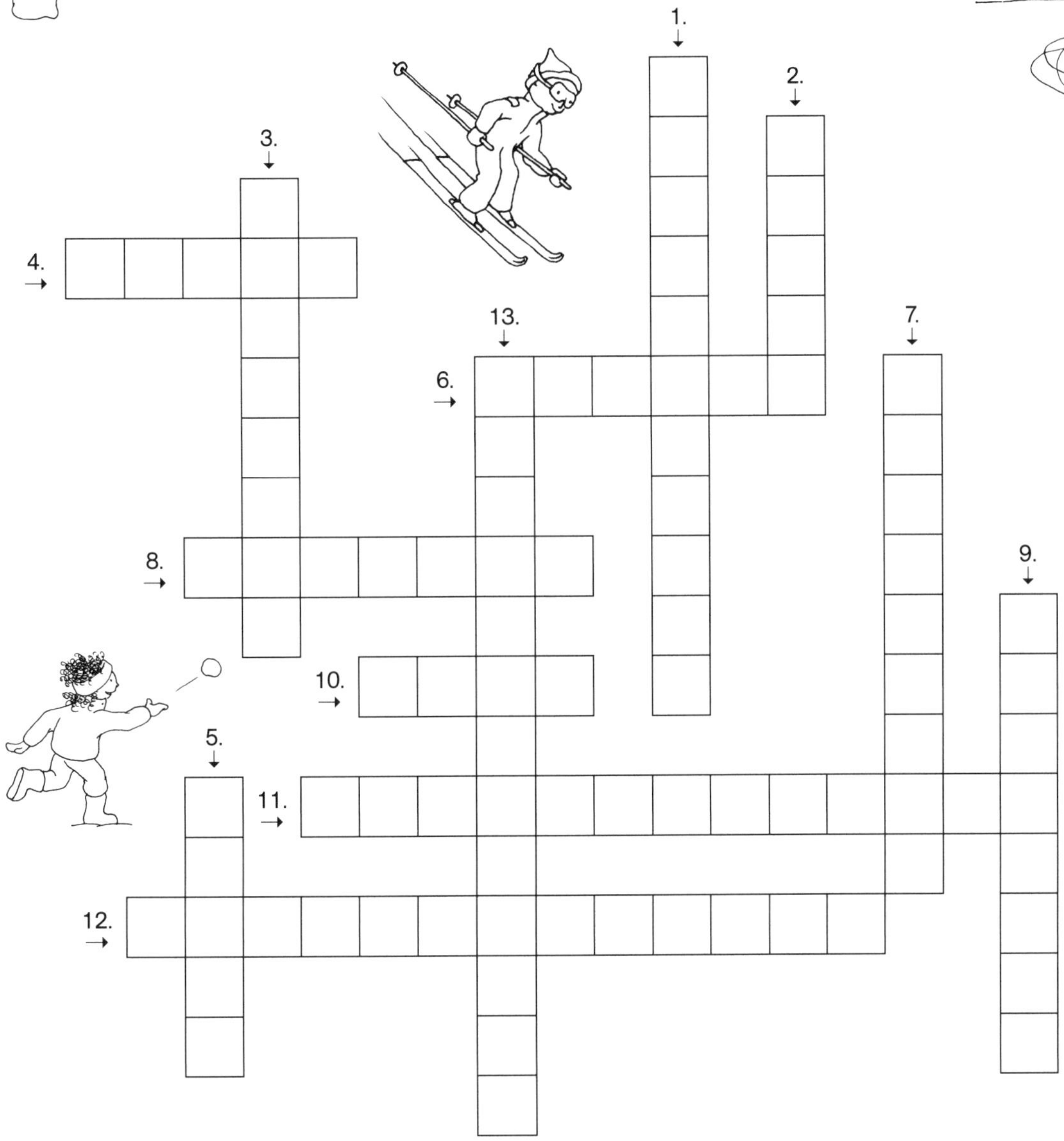

↓ senkrecht

1. Das braucht man zum Öffnen von Nüssen.
2. Sie wärmt den Kopf.
3. Monat, in dem wir Weihnachten feiern
5. Er wärmt den Hals.
7. Er wärmt die Hand.
9. Monat vor Winteranfang
13. Schnee besteht aus vielen einzelnen …

→ waagerecht

4. zwei Bretter zur Fortbewegung auf Schnee
6. Er macht die Landschaft weiß.
8. Sie wärmt das ganze Haus und beginnt mit H.
10. Anzahl der Monate des Winters
11. Man braucht sie zum Eislaufen.
12. Sie sehen aus wie Kopfhörer und wärmen die Ohren.

Bauernregeln zum Winter

Bauernregeln sind alte Redensarten, die mit dem Wetter oder mit der Ernte zu tun haben. Manchmal stimmen sie, manchmal nicht.

Male die zusammengehörenden Teile der Bauernregeln mit gleicher Farbe aus. Tipp: Die Zeilen müssen sich reimen.

Schneide die Teile aus und klebe sie richtig nebeneinander ins Heft oder auf ein Blatt.

✂

Langer Schnee im März	kriegt April 'nen weißen Bart.
Spielen Mücken im Februar,	ist für die Saat kein großer Segen.
Am Neujahrstage Sonnenschein,	bricht dem Korn das Herz.
Taut's im März nach Sommerart,	frier'n Schafe und Bienen das ganze Jahr.
Dezember mild, mit vielem Regen,	wird der Winter hart und fest.
Kriechen die Eichhörnchen früh ins Nest,	lässt das Jahr uns fruchtbar sein.

 Materialien für den Unterricht: Sandra Noa, Winter in der 1. und 2. Klasse © Hase und Igel Verlag, Garching b. München

Name:

Lies und male!

Lies die Sätze. Male das Bild entsprechend an und ergänze es.

Der Schneemann hat einen schwarzen Hut.
Seine Nase ist orange.
Er hat einen grünen Schal um den Hals
und einen dicken Besen im Arm.
Im Baum sitzt ein kleiner Vogel.
Der Zaun ist braun.
Am Himmel sind ein paar Wolken zu sehen.

Name: 

Wortsalat im Schneegestöber

Hoppla! Im Schneegestöber sind die Buchstaben der Wörter verpurzelt!

Schreibe die 15 Wörter richtig auf.
Unterstreiche dann alle Namenwörter.

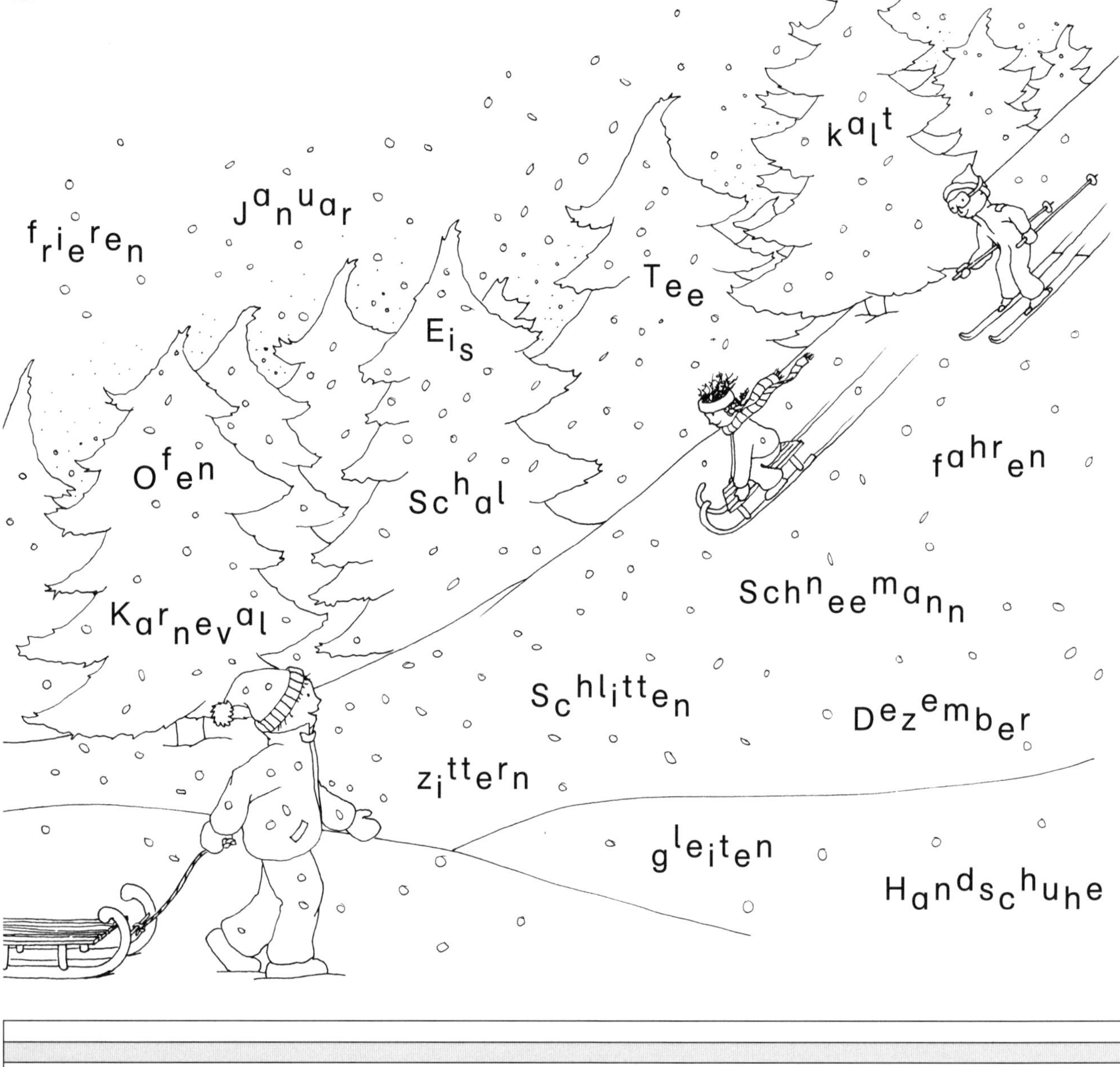

 Materialien für den Unterricht: Sandra Noa, Winter in der 1. und 2. Klasse © Hase und Igel Verlag, Garching b. München

Name:

Eine Buchstabenlandschaft

In der Landschaft findest du 12 Namenwörter. Markiere sie.

CKDFIJLLFERVDMKTZKDEZEMBERUIFGWJRMDJNAMMÜTZEQWOLPAYVN

MLKLWTZPRZHACHTSCHNEEEPLKLIEGDNAMCNVLWPUTJDNEISBATRWF

BRGNTHMZJANUARLOHGGXDTZAGRTHTAYSWEDXDFGEABESENYPWMEB

ZCHGKARNEVALABCPOHGQWEUSNVMFLAPOERIOFKRDOFENBASFRQN

MLALEWQPMVNDSELOFDJTEEFHGAUTPLKQWWIOMSDWILUEDCNURCKF

HLIEOPÖQFCRNUFEBRUARCNDIUFÖQNIULVGUZVCNLHEIZUNGDICLORF

NUIRXMFOLLMFMMMDDJHGVBLPRCDLIFLMCIFXNFKGARTENACILWEUC

Schreibe die Wörter nach dem Abc auf.

1.

2.

3.

4.

5.

6.

7.

8.

9.

10.

11.

12.

Name:

Das tun wir im Winter

Kreise die Tätigkeiten ein, die zum Winter passen.
Streiche die übrigen durch.

Weihnachtsgeschenke kaufen

Tee trinken

im Freibad schwimmen

frieren

im Garten zelten

Blumen pflücken

Rasen mähen

Schlittschuh laufen

Ski fahren

Nüsse knacken

Sterne basteln

lesen

mit Freunden spielen

Was machst du im Winter am liebsten? Schreibe einige Sätze dazu.

Im Winter

Name:

Wer schafft hier Ordnung?

Zu welchem Oberbegriff gehören die Wörter?
Ordne sie richtig in die Tabelle ein.

Mütze  Frost  Schlittschuhe Schlitten

Snowboard 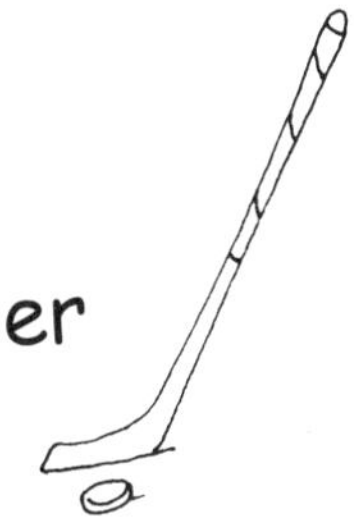 Schnee  Schal

Eishockeyschläger  Handschuhe Skier

Sturm

Skihose Stiefel Hagel Glatteis 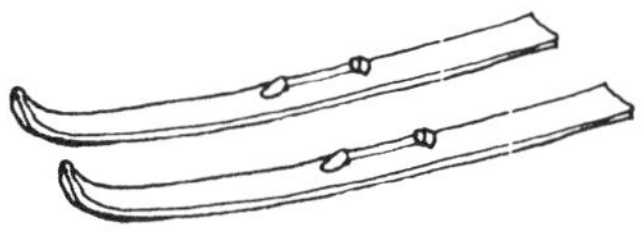

Wetter	Kleidung	Sportgeräte

Schreibe weitere Winterwörter zum Oberbegriff Kleidung auf.

Name:

Malen nach Buchstaben

Male im Winterbild alle Felder mit einem Selbstlaut aus.

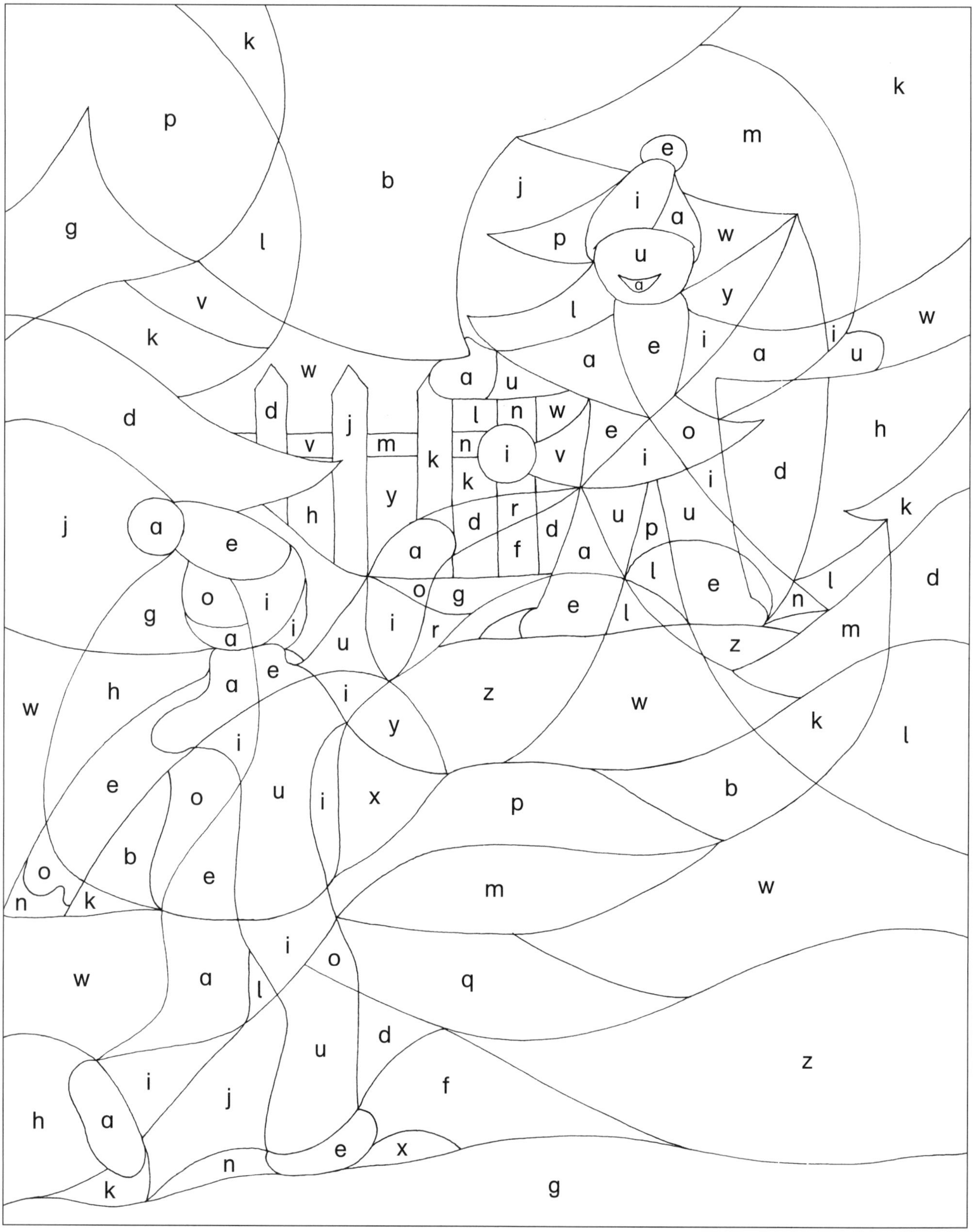

 Materialien für den Unterricht: Sandra Noa, Winter in der 1. und 2. Klasse © Hase und Igel Verlag, Garching b. München

Name:

Versteckte Wörter

Das kleine Wort „eis“ ist in vielen Begriffen versteckt.

Lies die Wörter und kreise „eis“ jeweils ein.

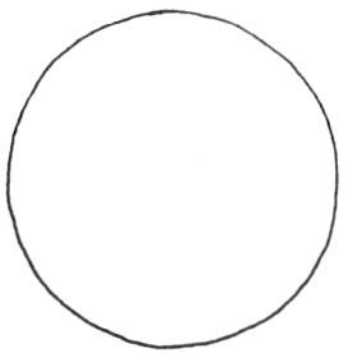

Kreis

Reis

Preis

Meise

Zeisig

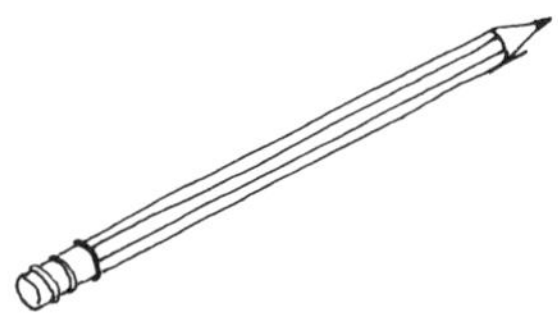

Bleistift

Freistoß

leise

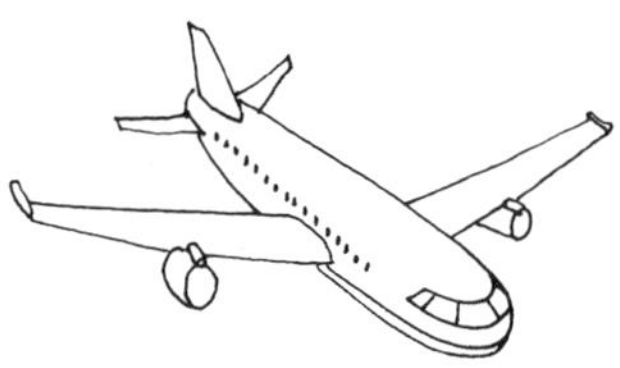

Reise

verreisen

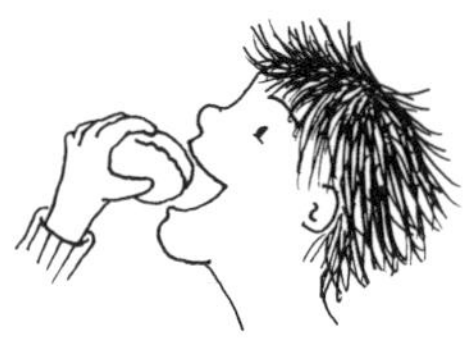

verspeisen

In vielen Wörtern sind kleine Wörter versteckt. Finde Wörter, in denen „ein“ verborgen ist. Schreibe sie auf.

Schwein,

Name:

Verdrehte Winterwörter

Kaum zu glauben, dass diese seltsamen Wörter etwas mit dem Winter zu tun haben!

Vertausche die markierten Buchstaben und schreibe die Wörter richtig auf.

Gnee**sch**löckchen →

Bannen**t**aum →

Hogel**v**aus →

Schinter**w**laf →

Reisen**m**ing →

Fletscher**g**loh →

Minter**w**antel →

Wegen**r**olke →

Finde selbst zusammengesetzte Namenwörter und vertausche die Buchstaben.

Name:

Grafische Gedichte

In manchen Gedichten zeigt schon die Anordnung der Wörter, worum es geht.

Lies das Gedicht. Sprich mit einem Partner darüber, was dir auffällt.

Schreibe ein Gedicht über den Schneeball.

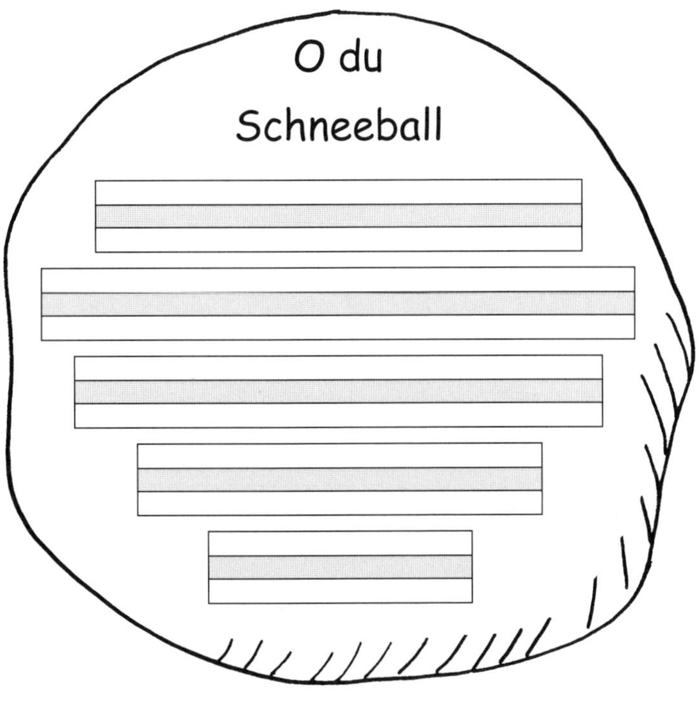

Winter-Sudoku

Kennst du Sudokus? Das sind japanische Rätsel. Es gibt viele Zahlen-Sudokus. Hier ist jedoch ein Sudoku mit Wörtern!

Schneide die Wortkärtchen aus und klebe sie in die leeren Felder. Achtung: Jedes Wort darf in jeder Zeile, in jeder Spalte und in jedem Feld nur einmal vorkommen.

	Schnee		Eis
Winter		Schlitten	
Eis		Schnee	
	Schlitten		Winter

Winter	Schnee	Eis	Schlitten
Winter	Schnee	Eis	Schlitten

 Materialien für den Unterricht: Sandra Noa, Winter in der 1. und 2. Klasse © Hase und Igel Verlag, Garching b. München

Name:

Rodelspaß mit Stolperwörtern

Hier stimmt was nicht! In den Text haben sich lauter Stolpperwörter eingeschlichen!

Lies den Text und streiche die überflüssigen Wörter durch.

Es ist ein kalter Tag Winter im Januar.
In der Nacht Fenster hat es heftig geschneit.
Alle neu Kinder holen ihren Schlitten.
Sie treffen sich am Hügel alt und rodeln.
Ninas roter Schlitten kurz ist am schnellsten.
Sie flitzt an Schnee allen Kindern vorbei.
Immer sehr wieder rodelt sie den Berg hinunter.
Das macht Spaß Fußball!
Hoffentlich Brief bleibt der Schnee noch länger liegen!

Bist du auch schon einmal gerodelt? Was hast du dabei erlebt? Schreibe darüber.

Name:

Ein Wintergedicht

Lies das Gedicht.

Der Wintersmann

Wer klopft an unsrer Türe an?
Wer ist denn da?
Der Wintersmann!
Er ist gekommen über Nacht
und hat viel Eis und Schnee gebracht.
Lassen wir ihn herein?
O nein, o nein!
Sonst könnt' es gar im Zimmer schnein.
Er soll hübsch auf der Straße bleiben,
wir schauen durch die Fensterscheiben!

Wie könnte der Wintersmann aussehen? Male ein Bild zu dem Gedicht.

 © Hase und Igel Verlag, Garching b. München

4. Kapitel: Schnee und Eis – die Welt ist weiß!

Vorbemerkung

In diesem Kapitel dreht sich alles um die Phänomene Schnee und Eis, die auf Kinder einen besonderen Reiz ausüben. Neben Liedern, Bastelarbeiten und einem Zaubertrick bildet der Wintersport einen Schwerpunkt in dieser Einheit. Die meisten Schüler haben sicher selbst bereits durch Rodeln, Schlittschuhlaufen oder Skifahren Erfahrungen im Wintersport gemacht – oder sie schauen den Profis zu, wenn im Fernsehen Wettkämpfe übertragen werden.

Lehrplanbezug

Sachunterricht
- Jahreszeiten kennen und bewusst erleben
- Sich mit den Phänomenen Eis und Schnee beschäftigen und einfache Experimente durchführen

Deutsch
- Einfache Anleitungen lesen und verstehen
- Informierende Texte lesen und verstehen
- Beobachtungen aufschreiben

Kunst
- Gestalten mit Papier und anderen Materialien
- Räume der Jahreszeit entsprechend gestalten

Musik
- Altersgemäße Lieder zum Winter singen

Zu den Kopiervorlagen

KV Seite 63

Schneeflöckchen, Weißröckchen

Dieses sehr bekannte und beliebte Winterlied wird häufig in der Weihnachtszeit gesungen und gespielt. Meist wird der Text als „volkstümlich" bezeichnet. Verfasserin ist jedoch eine schlesische Erzieherin, die im 19. Jahrhundert gelebt hat.

Begleiten Sie das Lied zusammen mit den Kindern durch Bewegungen, die das Gesungene unterstreichen:

1. Strophe:	Schulterzucken und Blick in die Wolken mit der Hand über den Augen
2. Strophe:	Mit der Hand zu sich herwinken und in die Luft malen
3. Strophe:	Mit den Händen eine abdeckende Bewegung machen und beide Hände zusammenlegen, anschließend an die Wange, Kopf zur Seite („Schlafen-Geste")
4. Strophe:	Imaginären Schneeball zwischen den Händen formen und werfen

KV Seite 64

Juchhe, der erste Schnee!

Dieses Winterlied passt sehr gut zur Bastelarbeit „Schneekristalle aus Papier". Meist freuen sich die Kinder auf den Schnee und können es kaum erwarten, bis es endlich schneit. Wenn Sie das Lied rechtzeitig mit den Schülern einüben, können alle den ersten Schnee mit diesem Lied begrüßen.

KV Seite 65

Schneekristalle aus Papier

Nutzen Sie diese Bastelarbeit als Dekoration für Ihren Klassenraum, indem Sie z. B. die Schneekristalle an die Fensterscheiben kleben oder an eine Girlande hängen. Schnelle Schüler dürfen gleich mehrere Schneekristalle basteln. Sie werden überrascht sein, wie viele verschiedene Formen sie herstellen können.

Nehmen Sie die Bastelarbeit auch zum Anlass, um darüber zu sprechen, dass keine Schneeflocke einer anderen gleicht. Warum ist das so?

Schnee
Schneeflocken sind gefrorene Regentropfen, die im Eiszustand Kristalle bilden. Schneekristalle wiederum entstehen auf komplizierte Weise in den Wolken. Ihre Form beruht immer auf einem Sechseck. Temperatur und Luftfeuchtigkeit auf dem Weg nach unten bestimmen die Form des Schneekristalls. So entstehen komplexe Sterne – jeder mit einem einzigartigen Aussehen. Denn jeder Schneekristall nimmt einen anderen Weg nach unten und reagiert schon auf geringe Schwankungen der Temperatur und Feuchtigkeit.

Frisch gefallener Schnee ist eine pulverartige Masse aus locker gepackten Schneeflocken, die wiederum aus einzelnen Schneekristallen bestehen. Wenn die gefallenen Schneeflocken altern, bauen sie ihre Kristalle ab. Sie verdichten sich und so wird der Schnee körnig. Durch weitere Überlagerungen und Alterung bildet sich schließlich Gletschereis.

Fensterbild: Ein Schneemann

Das Fensterbild mit Schneemann ist leicht nachzuarbeiten. Erklären Sie den Kindern, wie sie die Vorlagen übertragen, falls einige Schüler Schwierigkeiten damit haben. Zuerst legen die Kinder Butterbrotpapier über die Vorlage. Mit einem Bleistift malen sie die beiden Ovale nach. Anschließend schneiden sie den Rahmen aus dem Butterbrotpapier aus. Die Schüler legen die Schablone auf das weiße Tonpapier und fahren die Form nach. Dann schneiden sie den Rahmen aus. Beim Übertragen des Ovals auf das Transparentpapier verfahren die Kinder ähnlich. Sie legen das Transparentpapier auf das Oval und malen die äußere Linie mit Bleistift nach. Dann schneiden sie die Form aus. Alternativ können Sie im Voraus Schablonen für die Kinder erstellen.

Den Schneemann mit drei verschieden großen Kreisen und einem Hut malen die Schüler individuell. Um Zeit zu sparen, können Sie aber auch für diese Elemente Schablonen anfertigen. Die Fensterbilder eignen sich gut als kleines Geschenk für Eltern oder Großeltern.

Winterbild mit Fehlern

Bei dieser Kopiervorlage müssen die Kinder genau hinschauen, damit sie die zehn Fehler in dem Bild finden. Setzen Sie diese Seite zur Differenzierung ein, wenn Schüler ihr Aufgabenpensum bereits erledigt haben und weiteres Material benötigen. Auch als Konzentrationsübung ist dieses Arbeitsblatt gut geeignet.

Lösung

Wintersport

Das Wortmaterial der Kopiervorlage ist nicht ganz einfach, daher sollte den Kindern für das individuelle Erlesen des Textes genügend Zeit zur Verfügung stehen. Erklären Sie außerdem Begriffe wie „Biathlon“ im Vorfeld oder zeigen Sie Bilder dazu, damit alle Schüler ungefähr den gleichen Wissensstand haben. Anschließend arbeiten die Kinder mit einem Partner und überlegen gemeinsam, welche Teile zusammenpassen.

Fragen Sie die Schüler auch nach ihren eigenen Erfahrungen mit Wintersport: Welchen Wintersport hast du schon einmal gemacht? Rodelst du gerne oder fährst du Ski? Gehst du gerne Schlittschuh laufen? Schaust du dir auch Wintersport im Fernsehen an? Was ist deine Lieblingssportart? Welchen Sportler magst du am liebsten?

Lösung

Eishockeyspieler	schießen den Puck ins Tor. Das Tor ist kleiner als beim Fußball.
Einen Schlitten	lenkt und bremst man mit den Füßen.
In einem Sessellift	kommen Wintersportler bequem auf einen Berg.
Ein Eisschnellläufer	hat Schlittschuhe mit besonders langen Kufen.
Beim Eissegeln	bewegt man sich im Boot auf zugefrorenen Flüssen und Seen.
Biathlon	ist eine Mischung aus Skilanglauf und Schießen.
Für das Eisangeln	wird mit einem Eisbohrer ein Loch ins Eis gebohrt.

KV Seite 69

Wintersport der Tiere

Verwenden Sie das witzige Bild als Auflockerungsaufgabe für Zwischendurch. Die Schüler müssen bei dieser Aufgabe aufmerksam schauen und suchen. Sie können die Kopiervorlage auch als Einleitung für einen Winterspaziergang nutzen – mit dem Hinweis, dass die Kinder draußen genauso aufmerksam sein sollen.

In der zweiten Aufgabe notieren die Schüler die Namen einiger Tiere. Schreiben Sie die Tiernamen nach Bearbeitung der Seite an die Tafel, damit die Kinder ihre Rechtschreibung überprüfen können.

Lösung

Aufgabe 1:

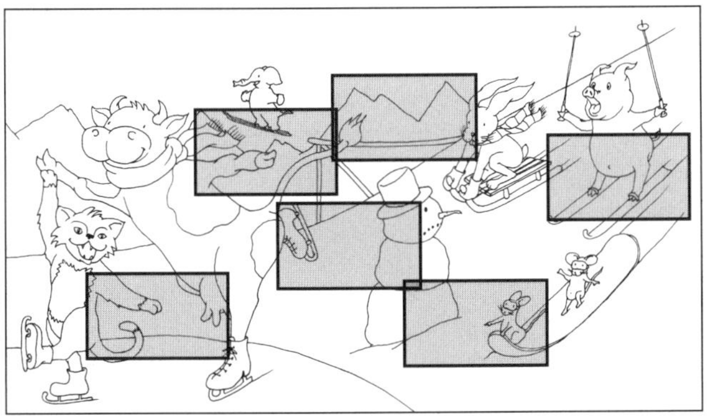

Aufgabe 2:

Katze, Kuh, Elefant, Hase, Mäuse, Schwein

KV Seite 70

Sportwelt

Der Sachtext liefert Informationen darüber, in welchen Ländern einige Wintersportarten erfunden wurden. Zunächst unterstreichen die Kinder die genannten Sportarten. Anschließend ordnen sie drei Wintersportarten den entsprechenden Illustrationen zu.

Der „Forscherauftrag“ unten auf der Seite fordert die Schüler auf, sich über das Biathlon zu informieren und sich Notizen dazu zu machen. Stellen Sie den Kindern geeignete Sachbücher oder Nachschlagewerke zur Verfügung oder helfen Sie bei der Recherche im Internet. Auch zu den übrigen Wintersportarten des Textes können die Schüler Nachforschungen anstellen. Es darf mit einem Partner oder in der Gruppe gearbeitet werden.

Zeigen Sie den Kindern darüber hinaus die im Text genannten Länder auf einer Karte oder im Atlas.

Lösung

Aufgabe 1:

Skilanglauf, Biathlon, Schlittenhunderennen, Bobsport, Eiskunstlauf, Eissegeln

Aufgabe 2:

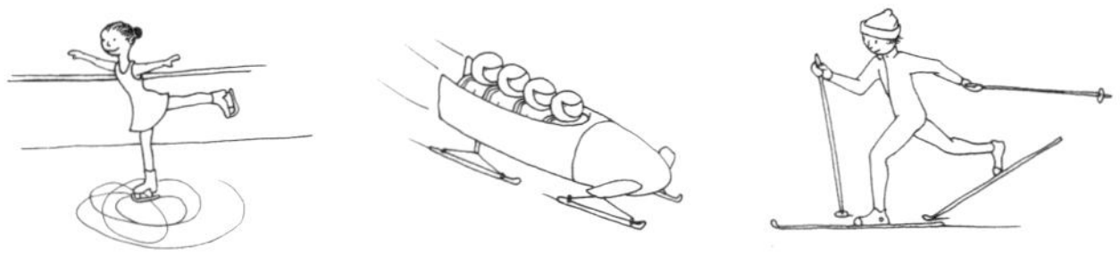

Eiskunstlauf Bobsport Skilanglauf

Biathlon

Der Begriff „Biathlon“ leitet sich aus dem Griechischen ab und bedeutet so viel wie „Zweifachkampf“. Biathlon ist eine Kombinationssportart aus den Disziplinen Skilanglauf und Schießen, die vornehmlich im Winter ausgetragen wird. Die Athleten bestreiten einen Langlaufwettkampf, der je nach Disziplin unterschiedliche Distanzen hat, und müssen stehend oder liegend schießen. Für Schießfehler gibt es eine Strafminute oder die Sportler müssen eine zusätzliche Runde laufen. Biathlon-Wettkämpfe werden in den Disziplinen Einzel, Sprint, Verfolgung und Massenstart ausgetragen. Es gibt Wettkämpfe für Männer und für Frauen.

KV Seite 71

Regeln für den Wintersport

Verhaltensregeln gibt es auf jeder Skipiste. Der Wintersportler muss sie kennen, um sich selbst und andere nicht zu gefährden.

Vor der Bearbeitung der Kopiervorlage können die Kinder mündlich ihr Vorwissen zusammentragen und sich darüber austauschen, welche Regeln wohl auf einer Skipiste beachtet werden müssen.

Anschließend nummerieren die Schüler die zusammengehörenden Textteile und malen sie jeweils mit der gleichen Farbe aus. Anschließend können sie die Snowboardstücke auch ausschneiden und in ihrem Heft oder auf einem Blatt richtig zusammenkleben.

Überlegen Sie weiterführend mit den Kindern, welche Regeln auf dem Schulhof gelten sollen. Formulieren Sie die Regeln gemeinsam mit den Schülern, schreiben Sie die Sätze auf ein großes Plakat und hängen Sie es in der Klasse auf.

Lösung

- Jeder Snowboarder muss sich so verhalten, | dass er andere auf der Piste nicht gefährdet.
- Jeder Skifahrer muss seine Geschwindigkeit | dem Gelände, dem Wetter und seinen Fähigkeiten anpassen.
- Alle Wintersportler müssen | im Notfall Erste Hilfe leisten.
- Der von hinten kommende Snowboarder muss seine Spur so wählen, | dass er niemandem in die Spur fährt.
- Ein Skifahrer, der bergauf geht, | muss dafür den Rand der Abfahrt benutzen.

KV Seite 72

Heißer Kinderpunsch

Dieser Kinderpunsch ist schnell gemacht, lecker und er wärmt in der kalten Jahreszeit. Alternativ können Sie statt Apfelsaft auch Orangen- oder Traubensaft einsetzen. Als Gewürze eignen sich außerdem Nelken (vorsichtig dosieren!) oder Kardamom.

KV Seite 73

Welcher Schneeball schmilzt am schnellsten?

Dieses Experiment können Sie natürlich nur dann durchführen, wenn es ausreichend Schnee gibt. Es bietet sich an, in Gruppen zu arbeiten, damit die Kinder über ihre Vermutungen und das tatsächliche Ergebnis sprechen können. Je nach Temperatur des Wassers bzw. der Heizung fallen die Ergebnisse unterschiedlich aus: Zuerst schmelzen die Schneebälle über der Heizung und im warmen Wasser. Der Schneeball in der Schüssel schmilzt langsamer und der Schneeball in dem kalten Wasser schmilzt sicher als letzter.

Eis

Eis ist gefrorenes Wasser und einer der Aggregatzustände von Wasser (H_2O). Es entsteht bei einer Temperatur von 0 °C.

Eis ist hart wie die meisten Gesteine, hat aber eine geringere Dichte. Es hat ein größeres Volumen als Wasser, was z. B. zu bemerken ist, wenn man Wasser in einem geschlossenen Gefäß einfriert (u. U. kann das Eis das Gefäß sprengen).

Auf der Erde sind 25 Millionen Kubikkilometer Wasser als Eis gebunden. Diese Eismassen, die für das globale Klima und den Wasserkreislauf von entscheidender Bedeutung sind, sind durch die globale Klimaerwärmung in Gefahr.

KV Seite 74

Eins, zwei, drei – Eis-Zauberei

Sprechen Sie mit den Schülern darüber, wie der Zaubertrick funktioniert: Der Faden friert an dem Eiswürfel fest, weil das Salz den Gefrierpunkt des Wassers herabsetzt. Dadurch schmilzt der Eiswürfel an der bestreuten Oberfläche zunächst leicht an, dann gefriert das Eis wieder – mit dem Faden daran.

Erklären Sie den Schülern weiterführend, warum man durch das Streuen von Salz Glatteis verhindern kann: Wird Salz auf Schneematsch oder Eis gestreut, löst es sich teilweise auf und entzieht der Umgebung Wärme. Die Salzlösung wird zunächst kälter. Da ihr Gefrierpunkt weit unter 0 °C liegt, kann sie aber nicht gefrieren.

KV Seite 75

Schneemann-Geschichte

Kinder brauchen immer wieder Gelegenheit zum freien Schreiben. Bereits im ersten Schuljahr haben die Schüler viel Freude am Verfassen eigener Texte, wobei die orthografische Richtigkeit natürlich noch nicht im Vordergrund steht.

Die Seite bietet vielfältige Differenzierungsmöglichkeiten: Schreib- und Leseanfänger sind eventuell damit ausgelastet, die Antwort des Jungen aufzuschreiben. Leistungsstärkere Kinder und Schüler in der zweiten Jahrgangsstufe können die Geschichte ausführlicher „weiterspinnen“ und ein Bild dazu malen.

KV Seite 76

Winter, ade!

Der Text des Liedes stammt von Heinrich Hoffmann von Fallersleben (1798 – 1874), die Melodie wurde 1816 in Würzburg bekannt („Schätzchen, ade!“). Das Lied ist leicht zu singen. Falls Sie Kinder in der Klasse haben, die Blockflöte spielen, können Sie diese Schüler bitten, den Gesang zu begleiten.

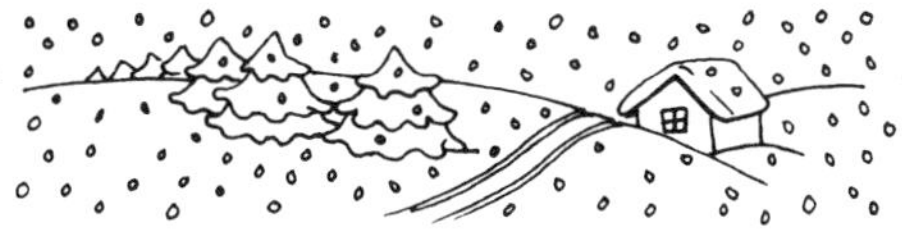

Schneeflöckchen, Weißröckchen

2. Komm, setz dich ans Fenster, du lieblicher Stern.
   Malst Blumen und Blätter, wir haben dich gern.

3. Schneeflöckchen, du deckst uns die Blümelein zu,
   dann schlafen sie sicher in himmlischer Ruh.

4. Schneeflöckchen, Weißröckchen, komm zu uns ins Tal,
   dann bau'n wir den Schneemann und werfen den Ball.

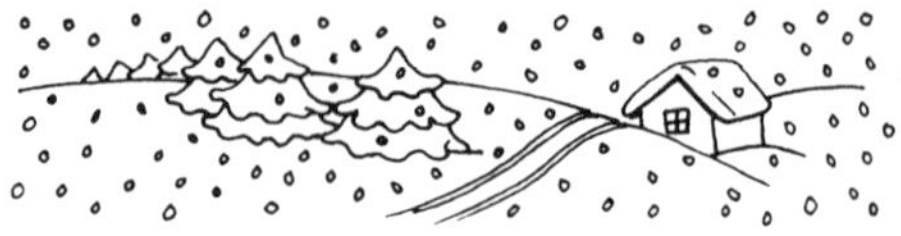

Juchhe, der erste Schnee!

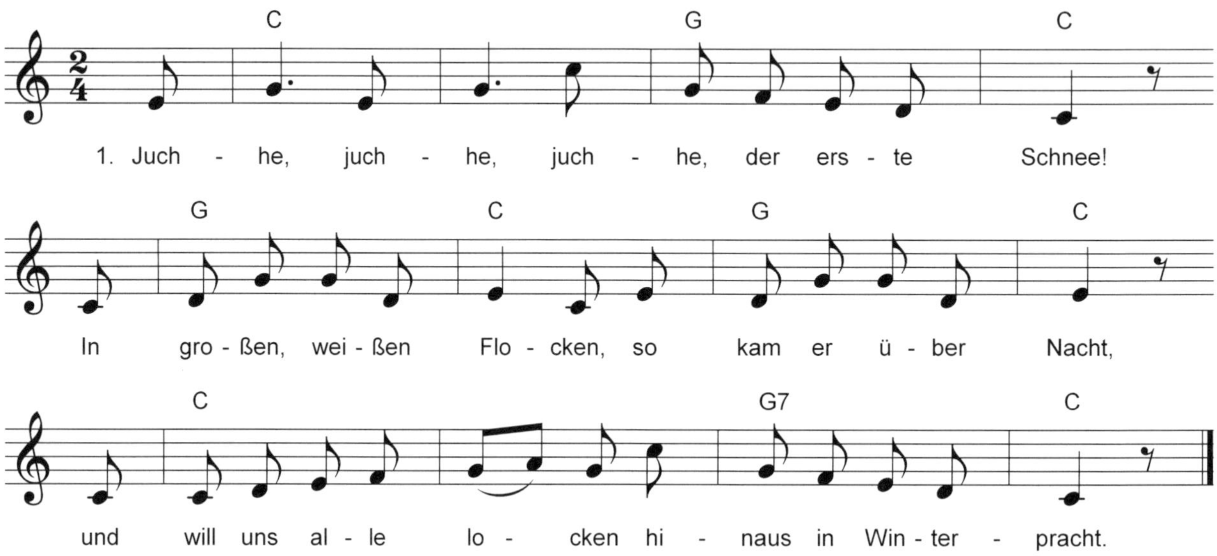

2. Juchhe, juchhe, erstarrt sind Bach und See!
Herbei von allen Seiten aufs glitzerblanke Eis,
dahin-, dahinzugleiten nach alter froher Weis'!

3. Juchhe, juchhe, jetzt locken Eis und Schnee!
Der Winter kam gezogen mit Freuden mannigfalt',
spannt seinen weißen Bogen weit über Feld und Wald.

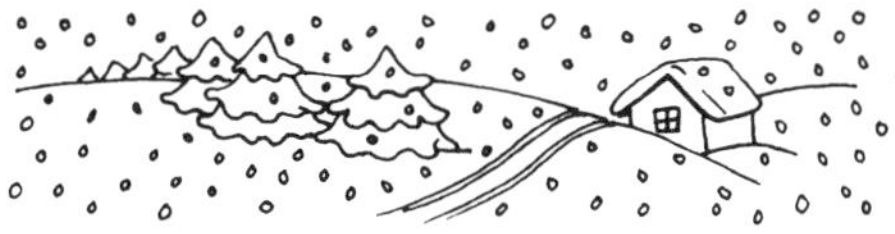

Schneekristalle aus Papier

Schneekristalle aus Papier sind eine schöne Dekoration. Und das Beste ist: Sie schmelzen garantiert nicht!

Du brauchst:
- weißes Papier
- Schere

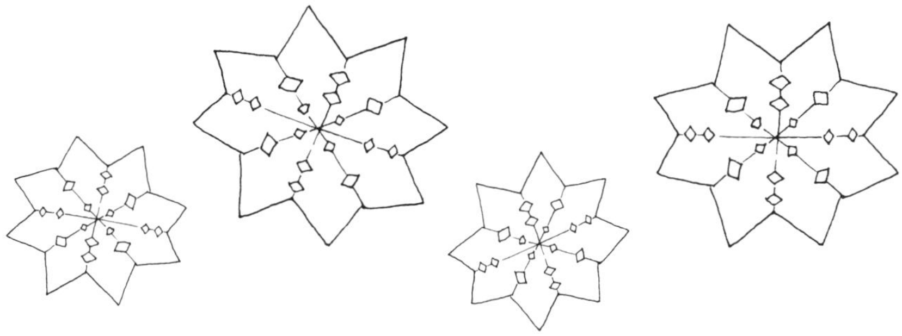

So wird's gemacht:

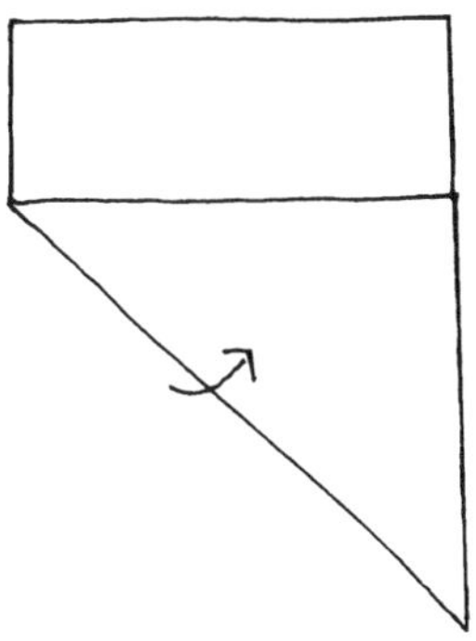

1. Falte ein Blatt weißes Papier.

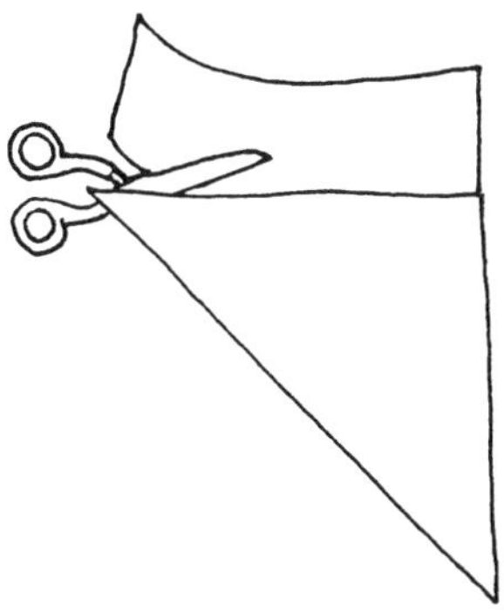

2. Schneide den überstehenden Streifen ab.

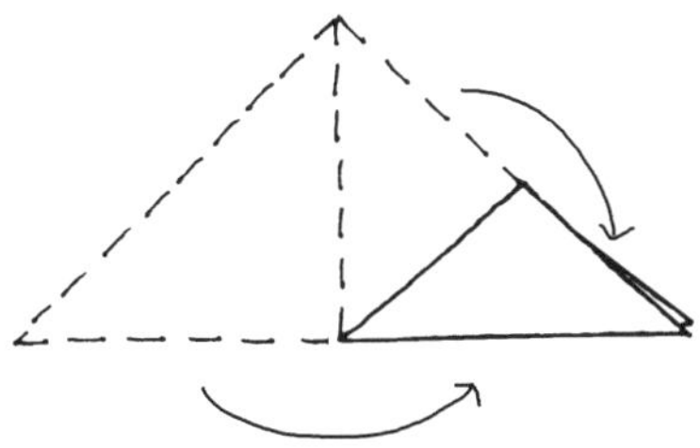

3. Falte das entstandene große Dreieck noch zweimal zum Dreieck.

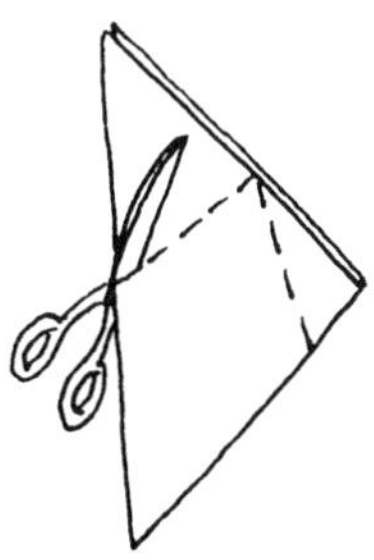

4. Schneide oben die Außenkante spitz zu.

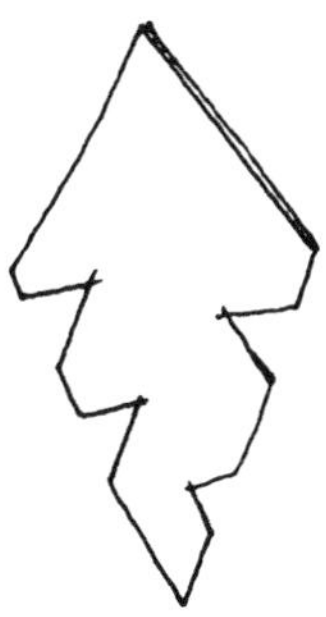

5. Schneide an den Seiten Zacken in das Papier.

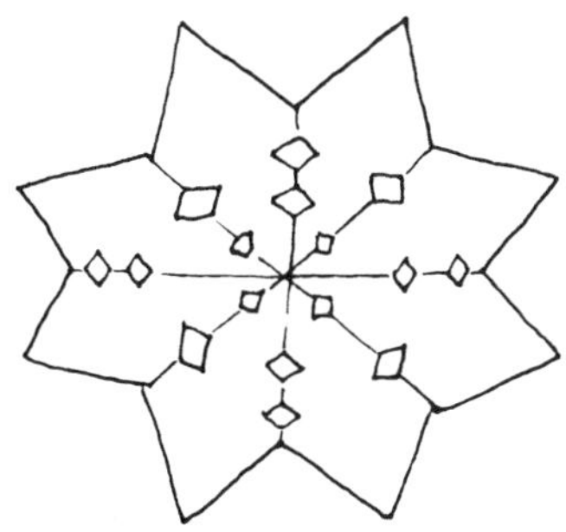

6. Falte deinen Schnee-kristall auseinander.

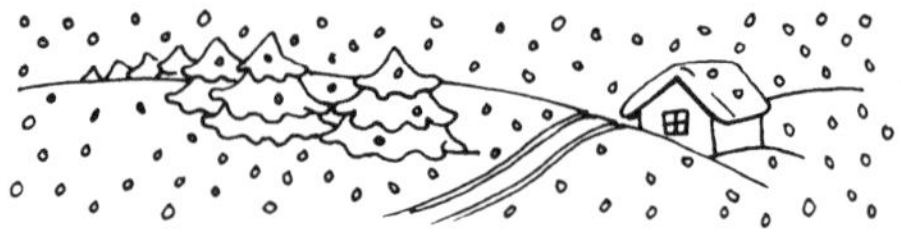

Fensterbild: Ein Schneemann

Du brauchst:
- weißes Tonpapier
- farbloses Transparentpapier
- Farbstifte
- Schere
- Kleber
- Nadel
- Faden

So wird's gemacht:
1. Übertrage den grauen Rahmen zweimal auf weißes Tonpapier. Schneide die Rahmen aus.
2. Übertrage den großen Kreis auf das Transparentpapier. Schneide ihn aus.
3. Klebe das Transparentpapier auf einen Rahmen. Klebe den zweiten Rahmen darüber.
4. Male zwei gleich große Schneemänner mit Hut. Klebe sie jeweils auf eine Seite des Transparentpapiers. Achte darauf, dass die beiden Figuren genau übereinanderstehen!
5. Male den Schneemännern ein Gesicht.
6. Bohre mit einer Nadel oben ein Loch in den Rahmen und befestige daran einen Faden.

 © Hase und Igel Verlag, Garching b. München

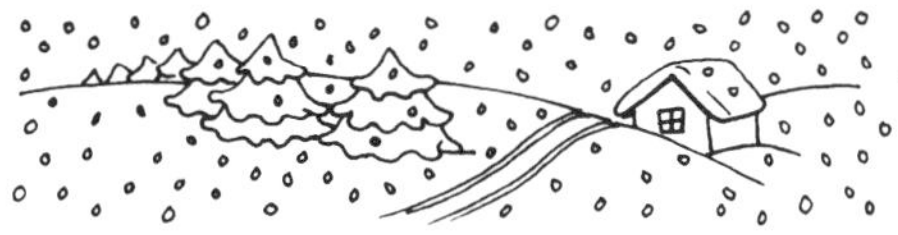

Name:

Winterbild mit Fehlern

Finde die 10 Fehler im unteren Bild und kreise sie ein.

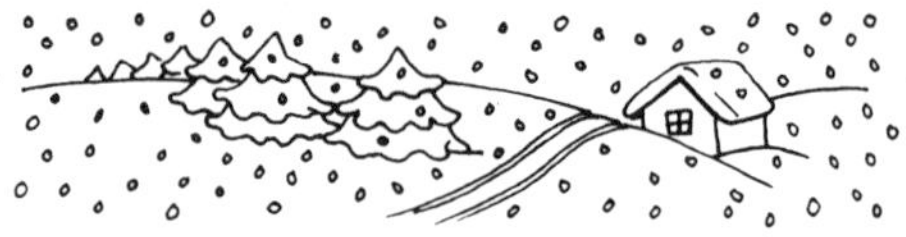

Wintersport

Was gehört zusammen? Schneide die Satzhälften aus und klebe sie richtig ins Heft oder auf ein Blatt.

Eishockeyspieler	hat Schlittschuhe mit besonders langen Kufen.
Einen Schlitten	schießen den Puck ins Tor. Das Tor ist kleiner als beim Fußball.
In einem Sessellift	ist eine Mischung aus Skilanglauf und Schießen.
Ein Eisschnellläufer	kommen Wintersportler bequem auf einen Berg.
Beim Eissegeln	wird mit einem Eisbohrer ein Loch ins Eis gebohrt.
Biathlon	lenkt und bremst man mit den Füßen.
Für das Eisangeln	bewegt man sich im Boot auf zugefrorenen Flüssen und Seen.

 Materialien für den Unterricht: Sandra Noa, Winter in der 1. und 2. Klasse © Hase und Igel Verlag, Garching b. München

Name:

Wintersport der Tiere

Finde die sechs Ausschnitte in dem großen Bild und rahme die entsprechenden Stellen ein.

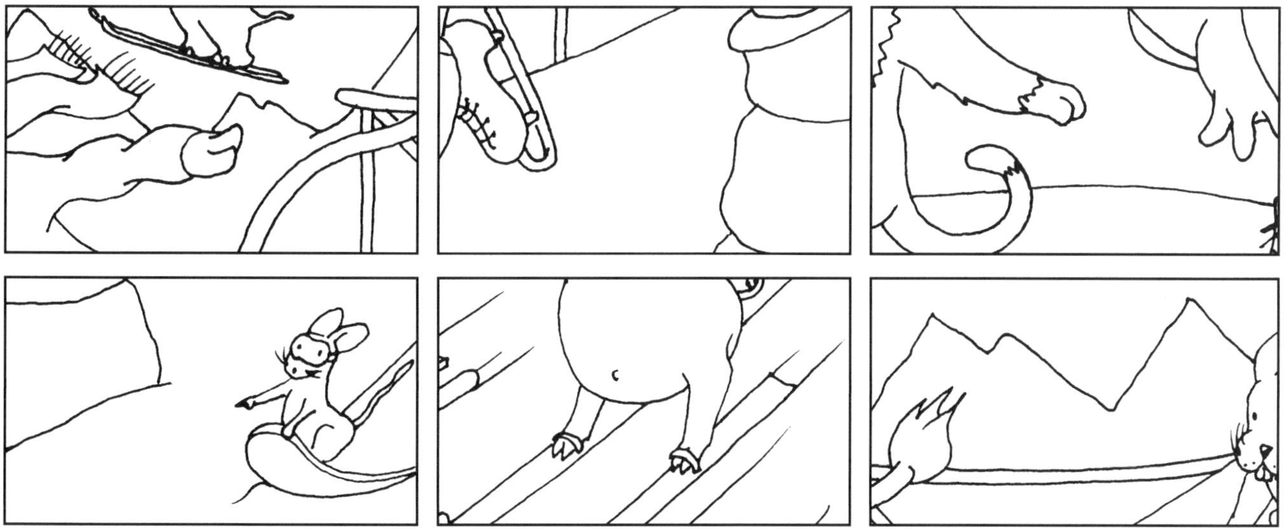

Welche Tiere sind im Bild zu sehen? Schreibe ihre Namen auf.

Name:

Sportwelt

Lies den Text und unterstreiche die Sportarten.

Der Skilanglauf kommt aus Schweden. Auch das Biathlon wurde in Nordeuropa entwickelt. Schlittenhunderennen gibt es schon sehr lange in Alaska. Der Bobsport ist eine Wintersportart, die Ende des 19. Jahrhunderts in der Schweiz von Engländern entwickelt wurde. In Großbritannien entstand der Eiskunstlauf. Die Niederländer hatten auch eine Idee für den Wintersport: Sie erfanden das Eissegeln, bei dem man auf zugefrorenen Seen oder Flüssen segelt.

Schreibe die Namen der Sportarten unter die Abbildungen.

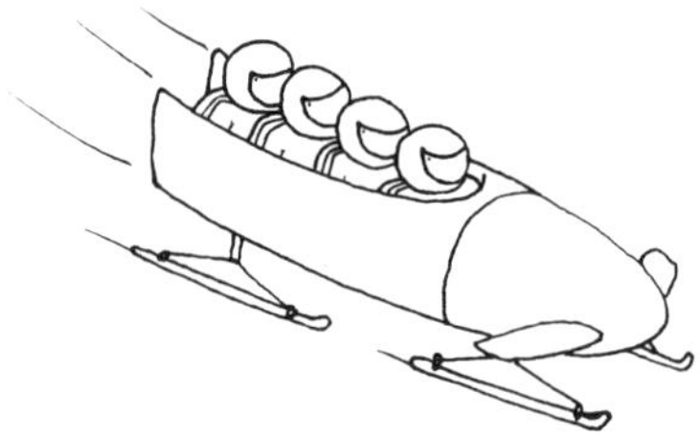

Informiere dich in Büchern oder im Internet über das Biathlon. Schreibe auf, was du erfahren hast.

 Materialien für den Unterricht: Sandra Noa, Winter in der 1. und 2. Klasse © Hase und Igel Verlag, Garching b. München

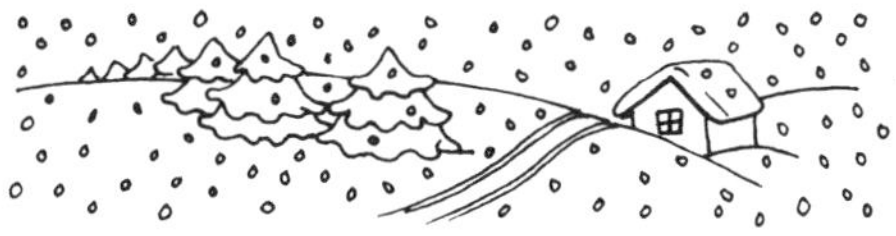

Name:

Regeln für den Wintersport

Regeln sind auf der Piste wichtig, damit man sich und andere nicht in Gefahr bringt. Hier ist aber einiges durcheinandergeraten!

Welche Satzteile gehören zusammen? Male die passenden Stücke mit gleicher Farbe aus.

Jeder Snow-boarder muss sich so verhalten,

im Notfall Erste Hilfe leisten.

muss dafür den Rand der Abfahrt benutzen.

Jeder Skifahrer muss seine Geschwindigkeit

dass er niemandem in die Spur fährt.

Alle Wintersportler müssen

dem Gelände, dem Wetter und seinen Fähigkeiten anpassen.

Der von hinten kommende Snow-boarder muss seine Spur so wählen,

Ein Skifahrer, der bergauf geht,

dass er andere auf der Piste nicht gefährdet.

Heißer Kinderpunsch

Wenn es draußen kalt ist, wärmt man sich gern von innen. Dafür ist ein Kinderpunsch genau das Richtige.

Du brauchst:

- einen halben Liter Wasser
- Früchtetee im Beutel
- eine Zitrone
- einen halben Liter Apfelsaft
- 3 TL flüssigen Honig
- Zimt

So wird's gemacht:

1. Koche einen halben Liter Wasser in einem Topf. Gib einen Beutel Früchtetee hinein und lass ihn ungefähr 3 Minuten ziehen.
2. Presse die Zitrone aus: Schneide sie in der Mitte durch und drehe sie auf einer Zitronenpresse hin und her.
3. Wenn der Tee fertig ist, gibst du den Zitronensaft, den Apfelsaft und den Honig dazu und verrührst alles.
4. Erhitze den Punsch noch einmal, bis sich der Honig ganz aufgelöst hat. Er darf aber nicht kochen! Füge ein wenig Zimt hinzu.

Tipp:
Besonders schön sieht dein Punsch aus, wenn du ihn in dekorierten Gläsern servierst. Dafür brauchst du noch mehr Zitronensaft. In ihn tauchst du den oberen Rand des Glases. Anschließend tunkst du den Glasrand in einen kleinen Zuckerberg.

 Materialien für den Unterricht: Sandra Noa, Winter in der 1. und 2. Klasse © Hase und Igel Verlag, Garching b. München

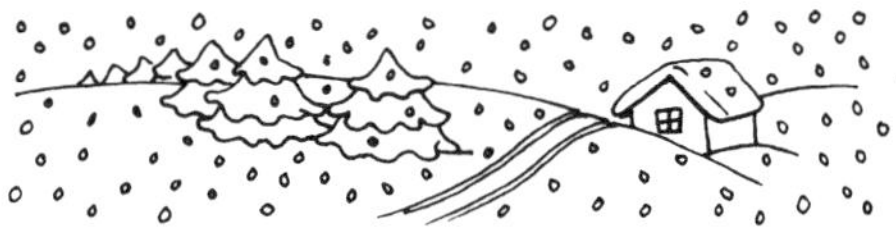

Name:

Welcher Schneeball schmilzt am schnellsten?

Forme vier gleich große Schneebälle.

- Lege den ersten Schneeball in eine Schüssel und stelle sie auf den Tisch.
- Lege den zweiten Schneeball in eine Schüssel über der Heizung.
- Lege den dritten Schneeball in eine Schüssel mit kaltem Wasser.
- Lege den vierten Schneeball in eine Schüssel mit warmem Wasser.

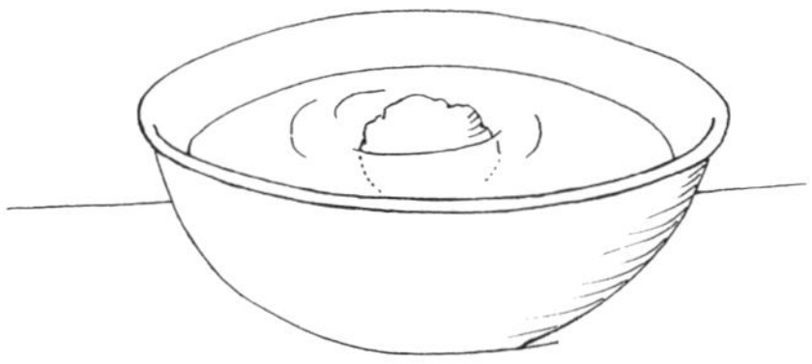

Was passiert mit den Schneebällen? Trage deine Vermutungen und später das Ergebnis in die Tabelle ein.

	Vermutung	Ergebnis
Schneeball auf dem Tisch		
Schneeball über der Heizung		
Schneeball im kalten Wasser		
Schneeball im warmen Wasser		

Eins, zwei, drei – Eis-Zauberei

Mit diesem einfachen Trick kannst du deine Freunde oder Familie sicher beeindrucken!

Du brauchst:

- Glas mit kaltem Wasser
- einen Eiswürfel
- Bindfaden
- Salz

So wird's gemacht:

1. Lass einen Eiswürfel in ein Glas mit kaltem Wasser fallen.
2. Verkünde, dass du den Würfel an einem Bindfaden aus dem Wasser ziehen kannst. Dazu bräuchtest du nur Zaubersalz.
3. Lege das eine Ende des Fadens auf den Eiswürfel und streue etwas Salz darüber. Der Faden friert am Eis fest und du kannst den Eiswürfel aus dem Glas herausziehen.

 Materialien für den Unterricht: Sandra Noa, Winter in der 1. und 2. Klasse © Hase und Igel Verlag, Garching b. München

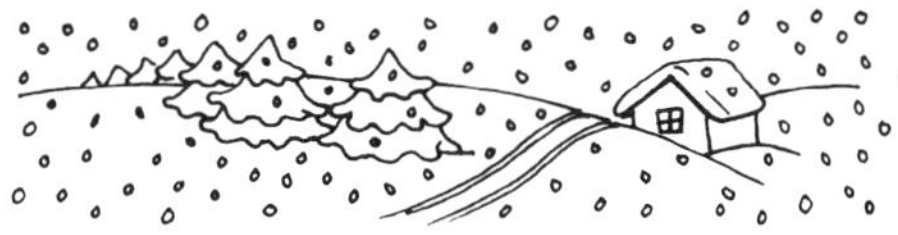

Name:

Schneemann-Geschichte

Hannes baut einen Schneemann. Als er fertig ist, passiert etwas Unglaubliches …

Schreibe die Geschichte weiter.

Plötzlich fängt der Schneemann an zu sprechen. „Ich fühle mich einsam!“, sagt er mit brummiger Stimme. „Kannst du mir nicht eine Schneefrau bauen?“
Hannes verliert vor Schreck fast das Gleichgewicht.
Ein sprechender Schneemann? Das gibt es doch gar nicht!
„Was ist?“, fragt der Schneemann nochmals. „Baust du mir eine Schneefrau?“
Hannes antwortet:

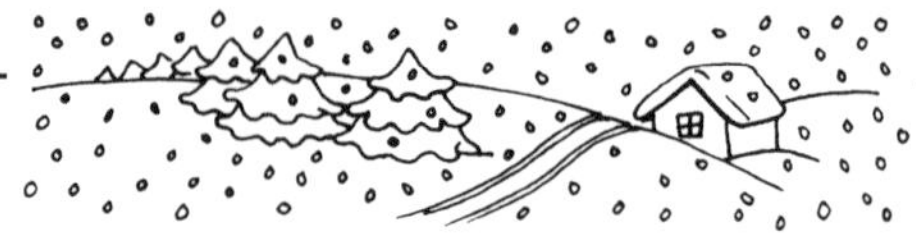

Winter, ade!

2. Winter, ade! Scheiden tut weh.
Gerne vergess ich dein,
kannst immer ferne sein.
Winter, ade! Scheiden tut weh.

3. Winter, ade! Scheiden tut weh!
Gehst du nicht bald nach Haus,
lacht dich der Kuckuck aus.
Winter, ade! Scheiden tut weh!

5. Kapitel: Tiere im Winter

Vorbemerkung

Die meisten Grundschulkinder haben eine hohe Affinität zu Tieren und beschäftigen sich sehr gerne mit ihnen. Zahlreiche Tiere, die die Kinder in den übrigen Jahreszeiten in ihrer Umgebung wahrnehmen können, sind im Winter nicht zu sehen – dies kann ein Ansatzpunkt für die Arbeit an diesem Kapitel sein.

Die Einheit vermittelt Wissen zum Thema „Tiere im Winter“ und regt die Schüler auf vielfältige Weise dazu an, offenen Fragen nachzugehen. Zahlreiche fächerverbindende Bezüge runden das Kapitel ab.

Lehrplanbezug

Sachunterricht
- Jahreszeiten kennen und bewusst erleben
- Leben mit der Natur: Lebensweise und Überwinterungsstrategien einzelner Tiere

Deutsch
- Einen Steckbrief schreiben
- Sich in Sachbüchern informieren
- Verstehendes Lesen/Fragen zu einem Sachtext beantworten
- Anleitungstexte lesen und verstehen
- Wortarten unterscheiden: Namenwörter und Begleiter
- Wörter alphabetisch ordnen

Musik
- Ein altersgemäßes Lied zum Thema „Tiere im Winter“ singen

Mathematik
- Additionsaufgaben im Zahlenraum bis 20 lösen

Zu den Kopiervorlagen

KV Seite 83

A, b, c, die Katze lief im Schnee

Dieses einfache Winterlied können die Schüler schon in der 1. Jahrgangsstufe singen. Die meisten Kinder finden die Vorstellung von der Katze mit den weißen Pfoten sehr witzig.

Regen Sie die Schüler auch dazu an, zu dem Lied ein Bild zu malen.

KV Seite 84

Wie verbringen Tiere den Winter?

Geben Sie den Kindern vor der Bearbeitung der Kopiervorlage Gelegenheit, sich in einem Gesprächskreis darüber auszutauschen, was sie über das Leben der Tiere im Winter bereits wissen.

Den meisten Schülern ist wahrscheinlich bekannt, dass einige Vögel im Winter in den Süden fliegen, weil sie dort leichter überleben können. Auch vom Winterschlaf haben vielleicht schon einige Kinder etwas gehört. Erläutern Sie im Vorfeld die Begriffe „Winterschlaf“ und „Winterruhe“ und grenzen Sie sie gegeneinander ab. Erklären Sie auch das Wort „Kältestarre“, das auf der Kopiervorlage vorkommt. Nach dieser Vorarbeit können sicher alle Schüler den Lückentext in Einzelarbeit ausfüllen.

Lösung

Aufgabe 1:

Die Schwalbe ist ein Zugvogel. Sie fliegt in den Süden, wo es auch im Winter warm ist. Der Igel hält von November bis April Winterschlaf. Dazu vergräbt er sich im Laub. Der Frosch im Teich fällt in eine Kältestarre. Bären halten Winterruhe. Manchmal stehen sie auf und nehmen Nahrung zu sich. Der Schneehase bekommt im Winter ein weißes Fell, damit man ihn im Schnee nicht sieht.

Winterschlaf

Als Winterschlaf bezeichnet man einen schlafähnlichen Zustand, in den manche Säugetiere und wenige Vögel während der kalten Jahreszeit verfallen, um mit niedrigem Energieverbrauch den kalten, nahrungsarmen Winter zu überstehen. Tiere, die Winterschlaf halten, fressen sich im Herbst eine dicke Fettschicht an, von der sie im Winter zehren. Im Herbst suchen diese Tiere auch einen geeigneten Unterschlupf, wo sie in einen mehrmonatigen Schlaf fallen, bei dem Atmung, Körpertemperatur und Herzschlag auf ein lebenswichtiges Minimum beschränkt sind.

Winterschläfer sind z. B. der Igel, die Haselmaus, der Siebenschläfer, das Murmeltier und die Fledermaus.

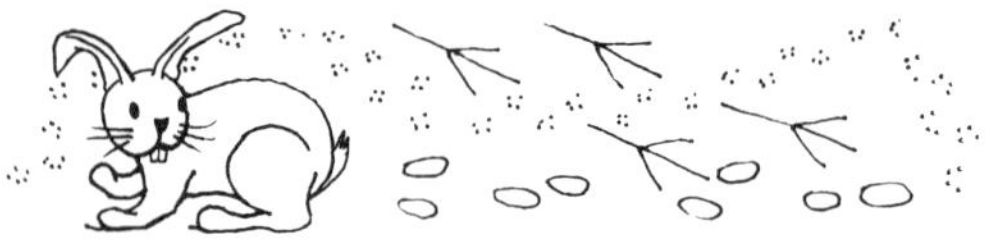

Winterruhe

Bei Tieren, die Winterruhe halten, fällt die Körpertemperatur nicht so stark ab wie bei den echten Winterschläfern. Die betreffenden Tiere verschlafen zwar ebenfalls die meiste Zeit, sind allerdings während ihrer Winterruhe häufig wach und wechseln auch öfter die Schlafposition. Winterruher sind z. B. das Eichhörnchen, der Dachs, der Feldhamster, der Maulwurf und der Braunbär.

Kältestarre

Die sogenannte Kältestarre gibt es nur bei wechselwarmen Tieren, wie Fischen, Amphibien, Reptilien und Insekten. Wechselwarme Tiere halten ihre Körpertemperatur nicht konstant, sondern ändern sie mit der Umgebungstemperatur. Wenn es der Eidechse, dem Frosch oder der Hummel zu kalt ist, verfallen sie in die Kältestarre. Teichmolche verbringen 3–4 Monate, Blindschleichen und Kreuzottern 4–5 Monate, Laubfrösche und Zauneidechsen 5–6 Monate im Zustand der Kältestarre. Ein völliges, tödliches Einfrieren der Körperflüssigkeiten wird durch Glukose verhindert.

KV Seite 85

Tierischer Steckbrief

Die Kinder sollen in dem Steckbrief keine ganzen Sätze formulieren, sondern Informationen stichwortartig notieren. Die Schüler benötigen kindgerechte Nachschlagewerke und ggf. beim Recherchieren im Internet Ihre Hilfe. Halten Sie für schnell arbeitende Kinder weitere Steckbriefvorlagen bereit, auf denen sie dann Informationen zu weiteren Tieren zusammentragen.

Beispiellösung

Name des Tieres: *Feldhase*
Lebensraum: Hecken, Sträucher, Wald, steppenartiges Land
Überwinterung: winteraktiv
Futter im Winter: Getreidereste, Baumrinden, Zweige
Besonderheiten: größere, längere Ohren (Löffel) als das Kaninchen

Name des Tieres: *Zauneidechse*
Lebensraum: sandige Böden auf Dünen und in Heiden
Überwinterung: Winterstarre
Futter im Winter: –
Besonderheiten: Erst wenn es wieder warm ist, erwacht sie aus der Winterstarre.

Name des Tieres: *Eichelhäher*
Lebensraum: vorwiegend Laub- und Mischwälder, aber auch Nadelwälder
Überwinterung: Standvogel
Futter im Winter: Eicheln, Bucheckern, Nüsse und Esskastanien, die er im Herbst unter Baumrinde, in Baumstümpfen oder im Boden versteckt hat
Besonderheiten: kann Stimmen anderer Vögel oder Geräusche nachahmen

Name des Tieres: *Saatkrähe*
Lebensraum: offenes, von Gehölzen, Wäldchen oder Baumreihen bestandenes Acker- und Wiesenland
Überwinterung: je nach Lebensraum Zug- oder Standvogel
Futter im Winter: Samen, Getreidereste, Eicheln, tote Tiere
Besonderheiten: gehört zu den Singvögeln; Im Herbst kommen viele Saatkrähen aus West- und Osteuropa zu uns.

Name des Tieres: *Rentier*
Lebensraum: Wälder in den nördlichsten Regionen Asiens, Europas und Nordamerikas
Überwinterung: wandert auf der Suche nach Futter umher
Futter im Winter: Rentierflechte (ganzjährig), Gräser, Sträucher
Besonderheiten: auch die Weibchen tragen ein Geweih

KV Seite 86

Wer überwintert wie?

Stellen Sie den Kindern für die erste Aufgabe Tierlexika zur Verfügung, damit sie das Aussehen der abgebildeten Tiere nachschlagen können. Anschließend ordnen die Schüler den Tieren die richtige Art der Überwinterung zu.

Leistungsstärkere und schnellere Kinder verfassen mithilfe der Kopiervorlage von Seite 85 auch zu diesen Tieren einen Steckbrief.

Lösung

Aufgabe 2:

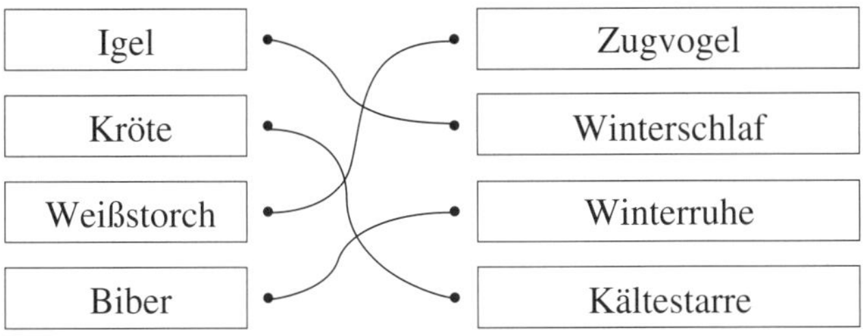

KV Seite 87

Winterquiz

Das Quiz bietet für jedes Kind die Möglichkeit, das eigene Wissen rund um das Thema „Tiere im Winter“ zu testen. Falls Sie befürchten, dass die Schüler zu früh in die unten angegebenen Lösungen schauen, schneiden Sie diese ab und legen sie z. B. auf die Fensterbank. Die Kinder überprüfen dann nach dem Bearbeiten der Fragen ihre Antworten.

Meist macht es den Schülern auch viel Freude, über den angebotenen Fragenkatalog hinaus eigene Fragen und mögliche Antworten zur Auswahl zu entwickeln. Diese beantworten dann ihre Mitschüler.

KV Seite 88

Wir basteln ein Futterhäuschen

Ein Futterhäuschen aus Holz zu bauen ist sehr zeitaufwändig und arbeitsintensiv. Das Vogelhäuschen aus Milchkarton ist jedoch schnell produziert und erfüllt ebenso seinen Zweck. Beim Schneiden der Futterluke brauchen die Kinder die Hilfe eines Erwachsenen.

Weisen Sie die Schüler darauf hin, dass es wichtig ist, das Futterhäuschen frei von Vogelkot zu halten. Sonst besteht die Gefahr, dass die Vögel sich gegenseitig mit Krankheiten anstecken.

Vogelfütterung

Bei der Fütterung von Vögeln im Winter sind bestimmte Regeln zu beachten, da man sonst dem Gesamtbestand der Tiere eher schadet.

- Vögel sollte man nur bei Frost und geschlossener Schneedecke füttern, dann aber regelmäßig.
- Das Futter darf auf keinen Fall nass werden, da es sonst verschimmelt oder einfriert.
- Damit die Tiere gesund bleiben, sollten die Vögel nicht im Futterhäuschen herumlaufen und hineinkoten können. Tipp: Futtersilos verwenden.
- Auf keinen Fall sollten Essensreste, Brot, Kuchenkrümel oder andere gewürzte Lebensmittel verfüttert werden.
- Am besten stellt man mehrere kleinere Futterstellen auf, um unterschiedliche Vogelarten getrennt voneinander zu füttern.

Weitere Informationen zum Thema und Anleitungen für selbst gemachtes Futter finden Sie unter: *www.wildvogelhilfe.org*

KV Seite 89

Meisen im Winter

Die Kopiervorlage bietet einen Informationstext über Meisen. Zur Überprüfung des sinnentnehmenden Lesens beantworten die Kinder vier Fragen. Weisen Sie die Schüler darauf hin, dass es hilfreich ist, zu den Fragen passende Textstellen vorab zu unterstreichen.

Durch die Informationen auf dem Arbeitsblatt verstehen die Kinder auch, warum viele Menschen in ihren Gärten Meisenringe oder -knödel aufhängen. Nutzen Sie den Text auch als Vorbereitung der folgenden Kopiervorlage, auf der die Schüler lernen, wie sie eine Meisenglocke herstellen können.

Lösung

1. Standvögel
2. Sie müssen viel fressen, um genügend Körperwärme zu erzeugen.
3. Insekten und Samen
4. Man kann Meisenknödel oder eine Futterglocke aufhängen.

KV Seite 90

Eine Meisenglocke herstellen

Diese Bastelarbeit macht nicht nur viel Spaß, sondern lockt unter Umständen sogar etliche Meisen vor Ihr Klassenzimmerfenster. Diese können Sie dann gemeinsam mit den Kindern beobachten.

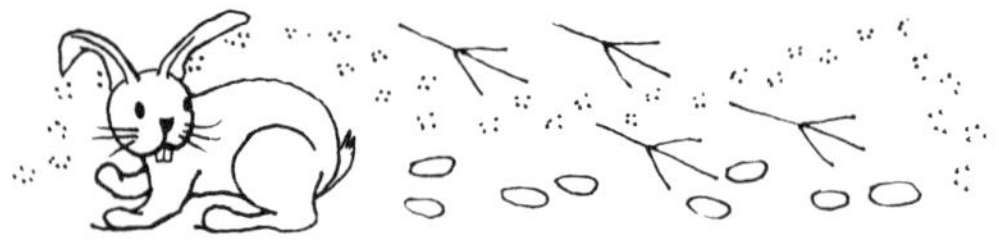

Zählen und verdoppeln

KV Seite 91

Die Additionsaufgaben bewegen sich im Zahlenraum bis 20 und eignen sich bereits für Kinder im ersten Schuljahr. Als Differenzierung verdoppeln schnelle Rechner die Ergebniszahlen unter jeder Aufgabe nochmals.

Lösung

Aufgabe 1:

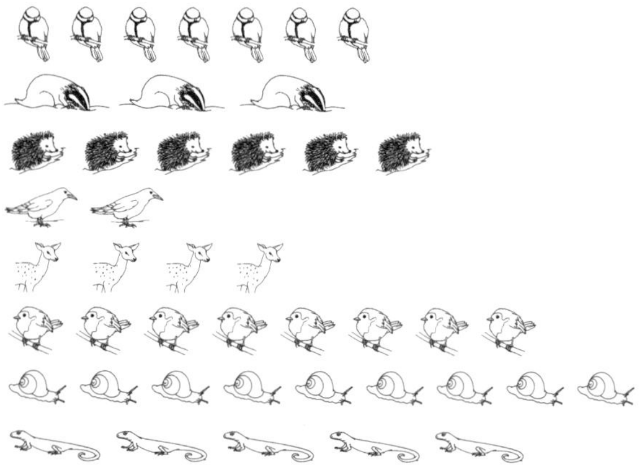

7
3
6
2
4
8
9
5

Aufgabe 2:

$7 + 7 = 14$	$3 + 3 = 6$
$6 + 6 = 12$	$2 + 2 = 4$
$4 + 4 = 8$	$8 + 8 = 16$
$9 + 9 = 18$	$5 + 5 = 10$

Tier-Memory

KV Seite 92/93

Das Memory eignet sich gut zur Auflockerung des Unterrichts oder als Einstieg in das Thema, da sich die Kinder die Tiere und deren Namen einprägen. Zur besseren Haltbarkeit des Spiels können die Schüler die Kärtchen auf Pappe kleben und laminieren. Wer möchte, darf auch eigene Kärtchen mit Tiernamen und -zeichnung herstellen. Alternativ geben Sie selbst weitere Paare vor.

Sprechen Sie mit den Kindern über die abgebildeten Tiere: Was weißt du über sie? Wie überwintern die Tiere? Welche Tiere siehst du im Winter nicht?

Richtig oder falsch?

KV Seite 94

Die Seite dient als Lesetraining und gleichzeitig der Überprüfung des Wissens rund um das Thema „Tiere im Winter“. Das Lösungswort bietet die Möglichkeit der Selbstkontrolle. Damit die Kinder das Lösungswort nicht schon nach wenigen Buchstaben erahnen, ergibt es sich von unten nach oben gelesen.

Lösung

	richtig	falsch
Schwalben sind Zugvögel.	☒ E	☐ T
Der Igel fällt im Winter in eine Kältestarre.	☐ I	☒ H
Der Schneehase bekommt im Winter ein weißes Fell.	☒ U	☐ M
Meisen sind im Winter in unseren Gärten zu sehen.	☒ R	☐ P
Das Eichhörnchen sammelt Nüsse und Eicheln für den Winter.	☒ R	☐ E
Während des Winterschlafs liegt die Fledermaus in einem Bett.	☐ R	☒ E
Störche verbringen den Winter im Süden.	☒ T	☐ I
Vögel am Vogelhaus fressen am liebsten Plätzchen.	☐ W	☒ N
Das Nest des Eichhörnchens nennt man Kobel.	☒ I	☐ E
Den Enten und Gänsen wachsen im Winter warme Federn.	☒ W	☐ Z

Lösungswort: WINTERRUHE

Tiere am Nordpol

KV Seite 95

Die Arbeit an der Kopiervorlage setzt die Kenntnis der Wortarten Namenwort und Begleiter voraus. Die Kinder fügen zunächst die Nomen richtig in den Lückentext ein. Anschließend schreiben sie die Nomen mit ihren Artikeln auf.

Lösung

Aufgabe 1:

Am Nordpol ist es sehr kalt.
Ein Eisbär sitzt auf dem Eis. Er hat einen Fisch gefangen.
Auch einige Robben suchen nach Beute.
Ein Wal taucht durch das eiskalte Meer.
Über ihm fliegt eine Möwe.

Aufgabe 2:
der Nordpol, der Eisbär, das Eis, der Fisch, die Robben, die Beute, der Wal, das Meer, die Möwe

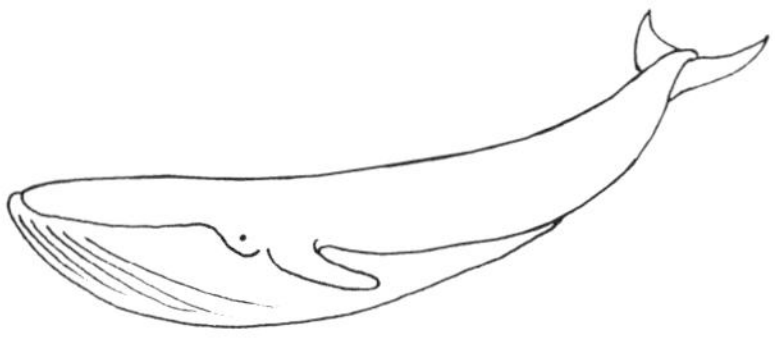

KV Seite 96

Tiere am Südpol

Bei dieser Aufgabe ordnen die Kinder die vorgegebenen Nomen alphabetisch. Da die Illustration Anhaltspunkte auf die richtige Reihenfolge gibt, ist die Aufgabe relativ leicht zu bewältigen.

Regen Sie die Schüler weiterführend an, Informationen über die Tiere am Südpol einzuholen. Die Kinder können dazu Tierlexika nutzen oder im Internet recherchieren.

Lösung

Buckelwal
Eis
Kälte
Pinguin
Robbe
Südpol
Tintenfisch
Zwergwal

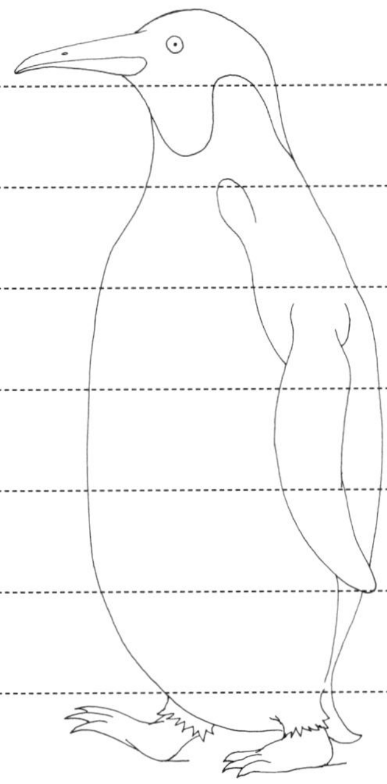

KV Seite 97

Schau genau!

Diese Übung schult die Wahrnehmung. Erklären Sie Ihren Schülern, warum eine gute Wahrnehmung wichtig ist. Passt man im Straßenverkehr nicht auf, kann man sich und andere gefährden. Ist man in der Natur unaufmerksam, verpasst man viele schöne Details, faszinierende Tiere und Pflanzen.

Fragen Sie die Kinder in einer Gesprächsrunde, was sie verpassen könnten, wenn sie unaufmerksam durch einen Winterwald stapfen. Tragen Sie die Äußerungen der Schüler an der Tafel oder am Overheadprojektor zusammen.

Lösung

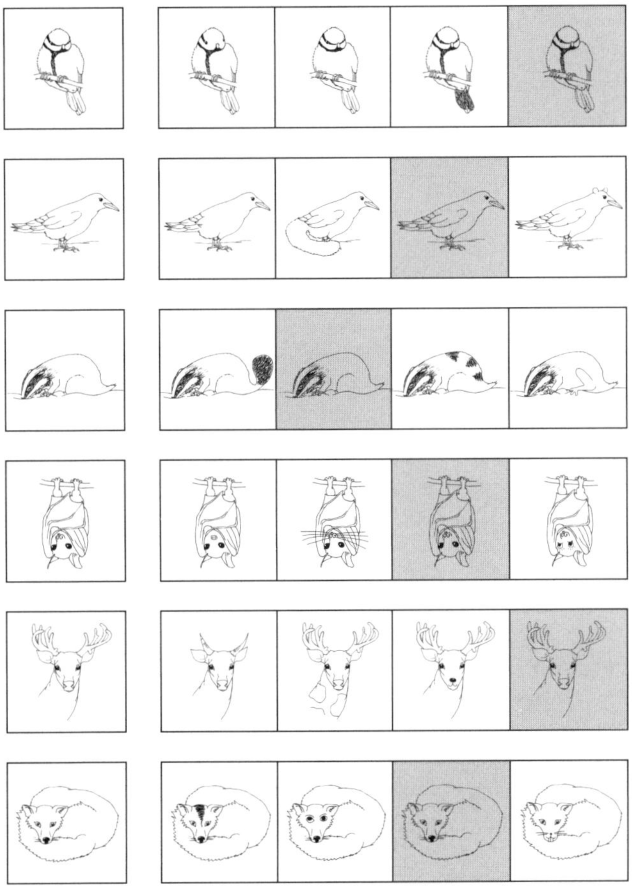

KV Seite 98

Bärenstarke Witze

Witze sind für Kinder meist sehr motivierend. Über das Reorganisieren der beiden Witze hinaus haben sie sicher Freude daran, in Büchern weitere Witze zum Thema „Tiere“ zu suchen und diese ggf. in einer eigenen „Witzsammlung“ zusammenzustellen.

Lösung

Zwei Bären sitzen im Herbst in ihrer Höhle und gucken zu, wie das Laub von den Bäumen fällt.
Da sagt der erste Bär: „Dieses Jahr lasse ich den Winterschlaf ausfallen. Ich will wissen, wer im Frühling die Blätter wieder anklebt!“

Zwei Eisbären gehen durch die Wüste.
„Hier muss es aber glatt sein“, sagt der eine.
„Warum das denn?“, wundert sich der andere.
„Weil die hier so viel Sand gestreut haben!“

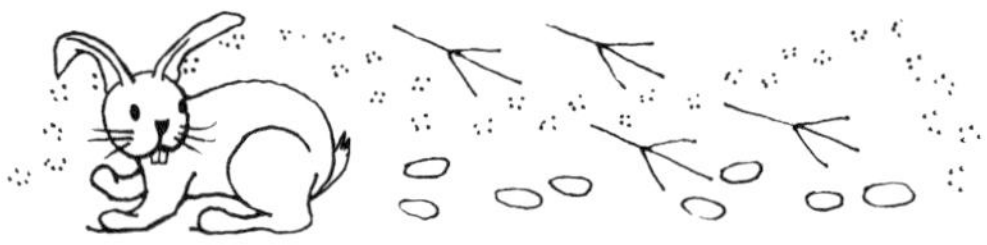

KV Seite 99

Winterfutter

Die Kinder verbinden die zusammenpassenden Satzhälften zum Thema „Winterfutter“. Im Anschluss schreiben die Schüler einige Sätze dazu, was Eichhörnchen im Winter fressen. Sie können diese Schreibaufgabe an der Tafel vorbereiten, indem Sie einige Stichpunkte sammeln, die die Kinder anschließend in ihren Texten aufgreifen.

Lösung

Aufgabe 1:

Der Eichelhäher sammelt	Futter ins Vogelhaus.
Für die Rehe	überhaupt nichts.
Den Meisen streuen die Menschen	stellt der Jäger im Winter Futterkrippen auf.
Der Biber frisst im Winter	Eicheln und Nüsse als Wintervorrat.
Der Igel frisst während des Winterschlafs	Rinde und Äste, die er vor seiner Burg gelagert hat.

Aufgabe 2:

Eichhörnchen halten nur Winterruhe, keinen echten Winterschlaf. Sie fressen sich zwar im Herbst ein dickes Fettpolster an und können auch mehrere Tage ohne Futter auskommen, weil sie ihr Nest nicht verlassen, wenn es stark stürmt oder schneit. Aber trotzdem müssen sie auch im Winter auf Nahrungssuche gehen. Im Herbst vergraben sie Nüsse und Eicheln als Vorräte für die kalte Jahreszeit. Allerdings finden sie ihre Vorräte manchmal nicht wieder.

KV Seite 100

Über die Schneehasen

Der Text informiert über Besonderheiten des Schneehasen. Anhand der Multiple-Choice-Aufgabe kann anschließend das sinnentnehmende Lesen überprüft werden. Mithilfe von Büchern oder des Internets können die Kinder sich über weitere „Tiere in Eis und Schnee“ informieren. Geeignet sind z. B. der Eisfuchs, dessen Körpermerkmale ebenfalls durch das kalte Klima geprägt sind (z. B. kurze Ohren, kurze Schnauze), Rentier oder Schnee-Eule.

Lösung

- [ ] Schneehasen leben auch in Frankreich.
- [x] Schneehasen leben auch in Sibirien und in China.
- [ ] Schneehasen leben auch in Spanien.

- [x] Sie bekommen im Winter ein weißes Fell.
- [ ] Sie bekommen im Winter ein graubraunes Fell.
- [ ] Sie verlieren im Winter ihr Fell.

- [ ] Sie haben kleine Ohren, damit Feinde sie nicht entdecken.
- [ ] Sie haben kleine Ohren, damit sie wenig hören.
- [x] Sie haben kleine Ohren, damit die Ohren in der Kälte nicht erfrieren.

 Materialien für den Unterricht: Sandra Noa, Winter in der 1. und 2. Klasse © Hase und Igel Verlag, Garching b. München

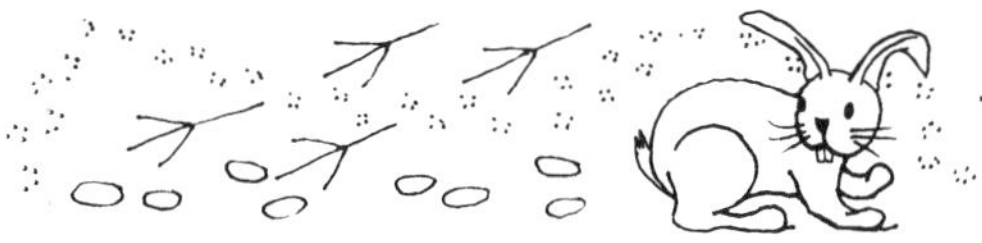

A, b, c,
die Katze lief im Schnee

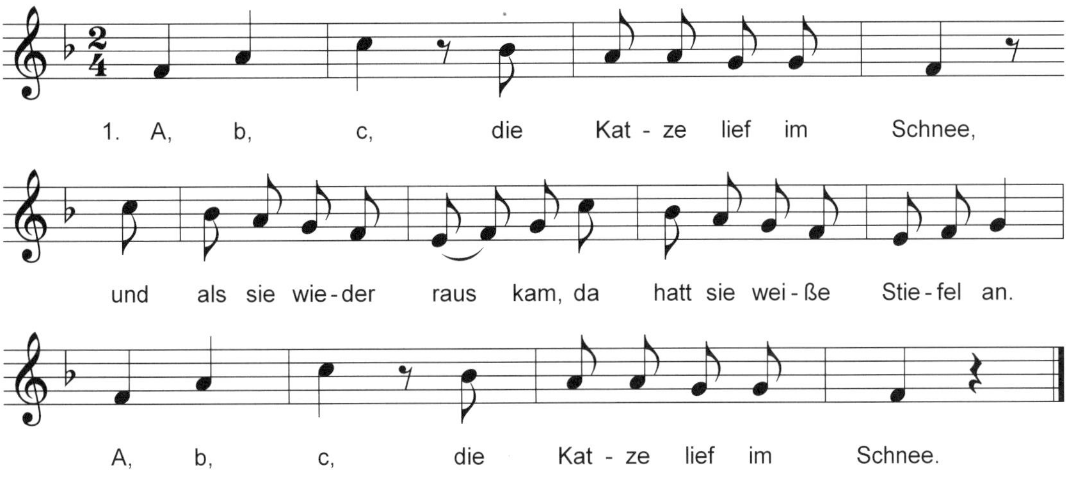

2. A, b, c, die Katze lief zur Höh'.
Sie leckt ihr kaltes Pfötchen rein
und putzt sich auch die Stiefelein.
A, b, c, die Katze lief zur Höh'.

Name:

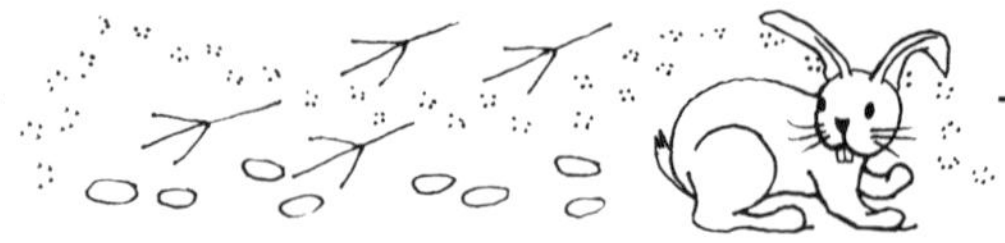

Wie verbringen Tiere den Winter?

Ergänze den Lückentext. Die Wörter im Kasten helfen dir dabei.

Winterruhe	Schwalbe	Süden	Teich
weißes	November	Schnee	

Die ________ ist ein Zugvogel. Sie fliegt in den ________, wo es auch im Winter warm ist. Der Igel hält von ________ bis April Winterschlaf. Dazu vergräbt er sich im Laub.

Der Frosch im ________ fällt in eine Kältestarre. Bären halten ________. Manchmal stehen sie auf und nehmen Nahrung zu sich. Der Schneehase bekommt im Winter ein ________ Fell, damit man ihn im ________ nicht sieht.

Suche dir ein Tier aus dem Text aus. Male es im Sommer und im Winter.

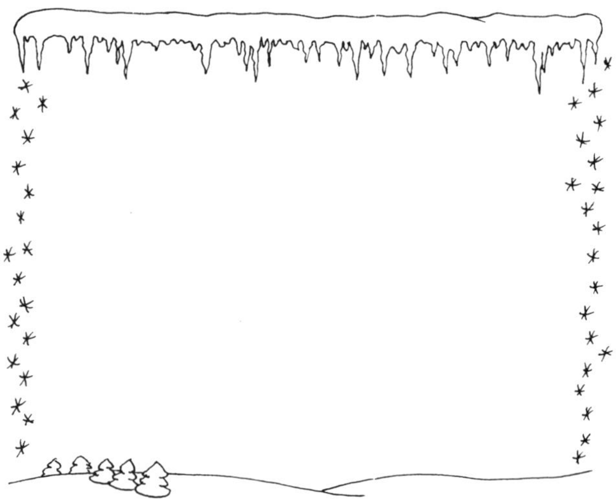

 Materialien für den Unterricht: Sandra Noa, Winter in der 1. und 2. Klasse © Hase und Igel Verlag, Garching b. München

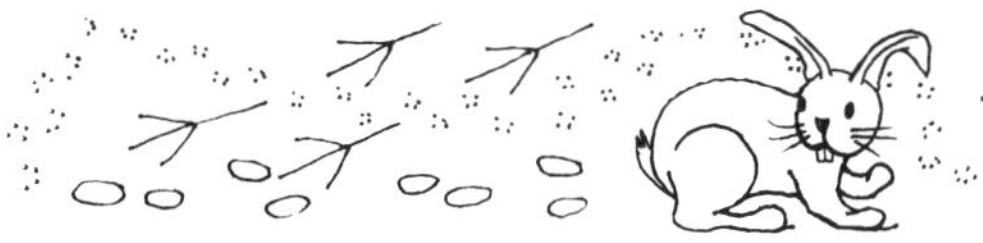

Name:

Tierischer Steckbrief

Suche dir ein Tier aus. Informiere dich in Büchern oder im Internet über das Tier und schreibe einen Steckbrief.

Feldhase Zauneidechse Eichelhäher Saatkrähe Rentier

Steckbrief

Name des Tieres:

Lebensraum:

Überwinterung:

Futter im Winter:

Besonderheiten:

Male das Tier in den Rahmen.

Name:

Wer überwintert wie?

Male die Tiere richtig aus.
Schlage in einem Buch nach, wenn du unsicher bist.

Wie überwintern die Tiere? Verbinde.

Igel	•	•	Zugvogel
Kröte	•	•	Winterschlaf
Weißstorch	•	•	Winterruhe
Biber	•	•	Kältestarre

 © Hase und Igel Verlag, Garching b. München

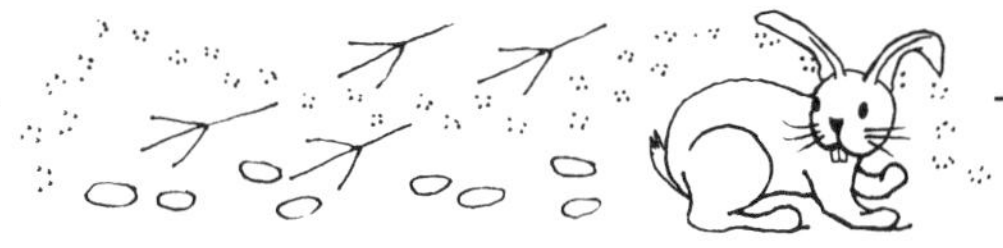

Name:

Winterquiz

Kreuze jeweils die richtige Antwort an.

1. Wie heißt das Nest des Eichhörnchens?

☐ Kabel ☐ Kobel ☐ Kübel ☐ Kanal

2. Was machen Füchse im Winter?

☐ Sie leben wie im Sommer.
☐ Sie verfallen in eine Kältestarre.
☐ Sie wandern nach Süden.
☐ Sie bauen sich einen Kobel.

3. Was macht ein Standvogel?

☐ Er steht gern auf einem Bein.
☐ Er fliegt im Winter in den Süden.
☐ Er bleibt in seinem Nest.
☐ Er bleibt das ganze Jahr über im Brutgebiet.

4. Was macht ein Zugvogel?

☐ Er fliegt im Herbst in den Süden.
☐ Er baut sich im Winter ein warmes Nest.
☐ Er zieht im Sommer in den Norden.
☐ Er fährt mit der Eisenbahn.

5. Welches Tier verfällt in eine Kältestarre?

☐ Hamster ☐ Fuchs ☐ Bär ☐ Frosch

Überprüfe deine Antworten mithilfe der Lösungen unten auf dem Blatt.
Male für jede richtige Antwort einen Schneeball an.
Wie viele Schneebälle hast du erreicht?

Lösung: 1. Kobel 2. Sie leben wie im Sommer. 3. Er bleibt das ganze Jahr über im Brutgebiet.
4. Er fliegt im Herbst in den Süden. 5. Frosch

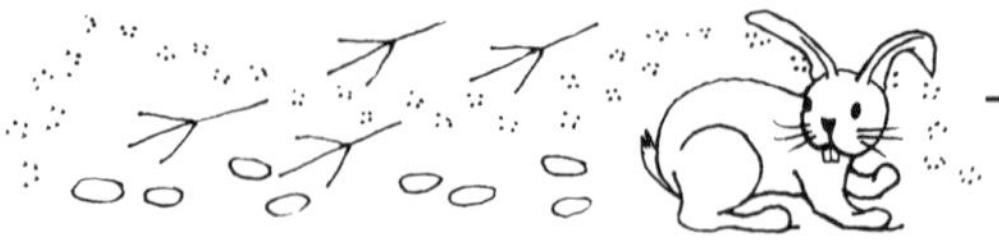

Wir basteln ein Futterhäuschen

Aus einem leeren Milchkarton kannst du leicht ein Futterhäuschen für Vögel basteln.

Du brauchst:

- eine leere, ausgewaschene Milchpackung
- Schere
- Vogelfutter
- Paketschnur
- wasserfeste Farben und Pinsel

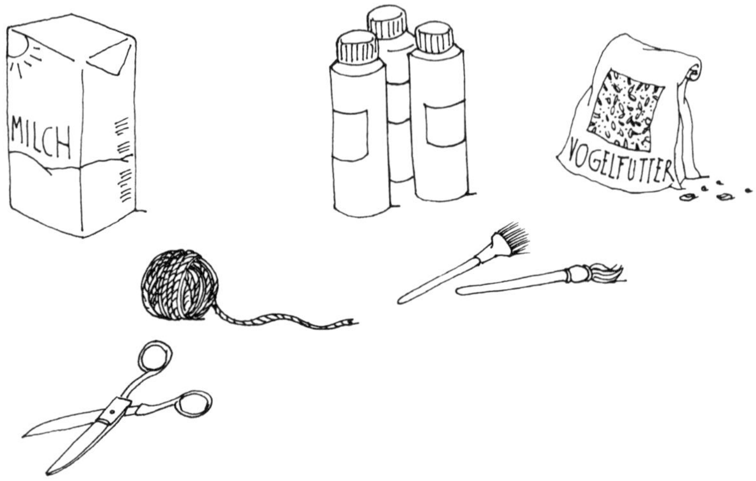

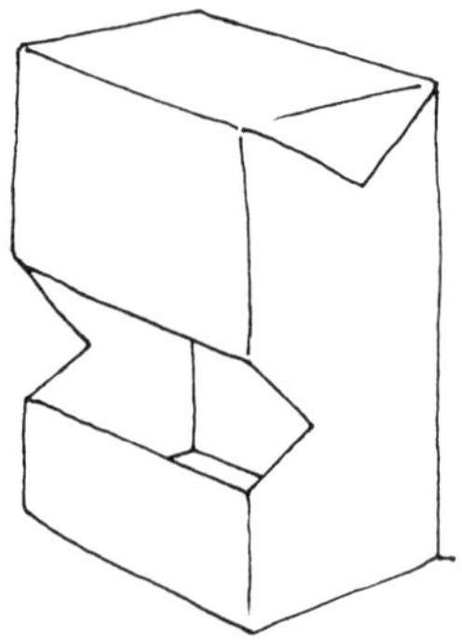

So wird's gemacht:

1. Schneide die Futterluke wie auf dem Bild aus. Lass dir dabei von einem Erwachsenen helfen!

2. Bohre oben in die Mitte ein Loch in den Milchkarton.

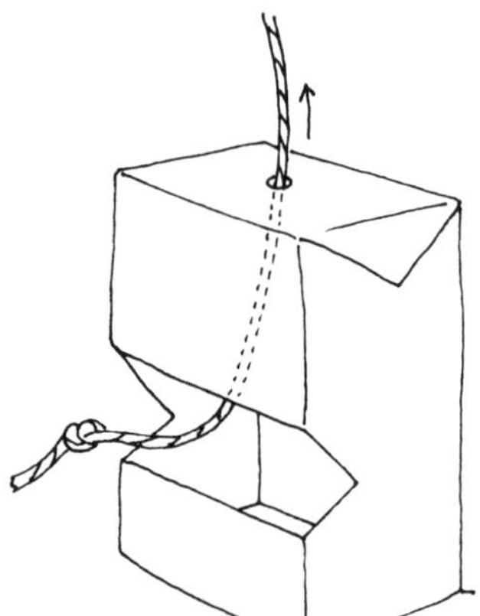

3. Ziehe die Paketschnur durch das Loch und mach innen einen dicken Knoten, damit die Schnur nicht herausrutscht.

4. Male dein Futterhäuschen mit wasserfesten Farben bunt an.

5. Fülle das Futterhäuschen mit Vogelfutter.

6. Hänge dein Futterhäuschen in einen Baum. Achte darauf, dass Katzen es nicht erreichen können.

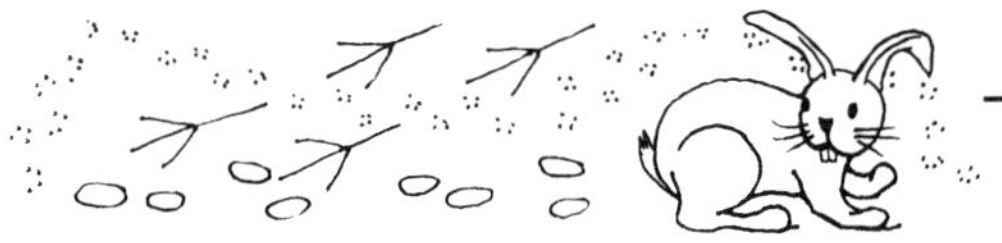

Name:

Meisen im Winter

Lies den Text und beantworte die Fragen.

Nicht alle Vögel verbringen den Winter im warmen Süden. Die Meisen gehören zu den Singvögeln, die auch im Winter in unseren Gärten zu sehen sind. Diese Vögel, die nicht in den Süden ziehen, nennt man auch Standvögel.
Damit sie nicht erfrieren, müssen die Meisen in ihren kleinen Körpern viel Wärme erzeugen. Deshalb müssen sie viel fressen. In den wärmeren Jahreszeiten fressen die Meisen Insekten und Samen. Im Winter ist die Futtersuche für diese Vögel oft mühsam. Sie sind den ganzen Tag damit beschäftigt, Futter zu suchen. Meisenringe oder eine Futterglocke helfen diesen Vögeln einen harten Winter zu überstehen.

1. Wie nennt man die Vögel, die im Herbst nicht in den Süden ziehen?

2. Warum müssen Meisen im Winter besonders viel fressen?

3. Was fressen Meisen in den wärmeren Jahreszeiten?

4. Womit kann man Meisen in einem harten Winter helfen?

Materialien für den Unterricht: Sandra Noa, Winter in der 1. und 2. Klasse © Hase und Igel Verlag, Garching b. München

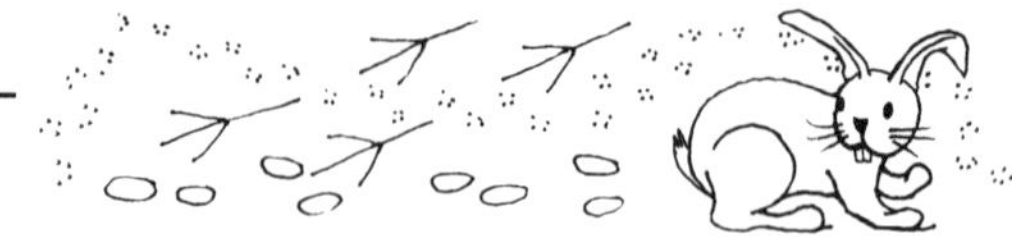

Eine Meisenglocke herstellen

Du kannst im Laden fertige Meisenringe kaufen – oder eine Meisenglocke selbst herstellen. Das macht Spaß und ist nicht schwer!

Du brauchst:

- Blumentopf aus Ton
- Paketschnur
- ein kleines Stöckchen
- 250 g Kokosfett
- Vogelfutter

So wird's gemacht:

1. Ziehe die Paketschnur durch das Loch im Boden des Tontopfes. Knote das Stöckchen innen mit einem dicken Knoten fest, damit das Loch dicht ist.

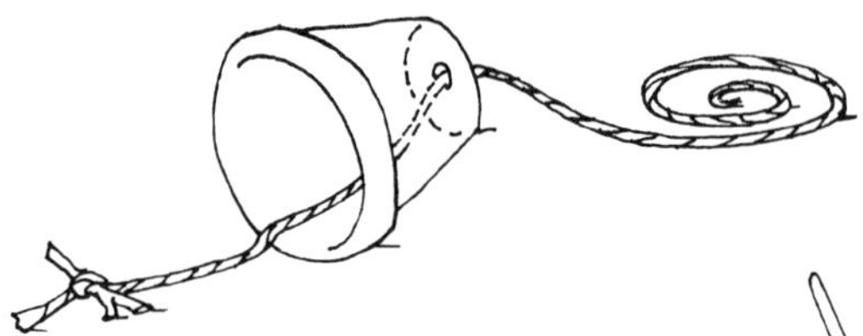

2. Schmilz das Kokosfett im Kochtopf.
3. Rühre so viel Vogelfutter in das Fett, dass eine dicke Körnermasse entsteht.
4. Lass die Mischung etwas auskühlen und fülle sie dann in den Tontopf.
5. Hänge die Meisenglocke in einen Baum oder in einen Strauch.

Name:

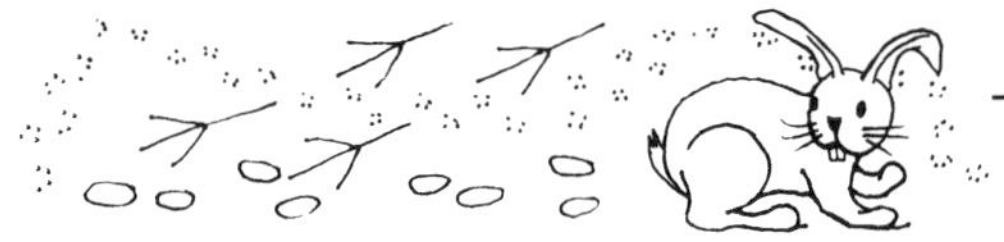

Zählen und verdoppeln

Zähle die Tiere.

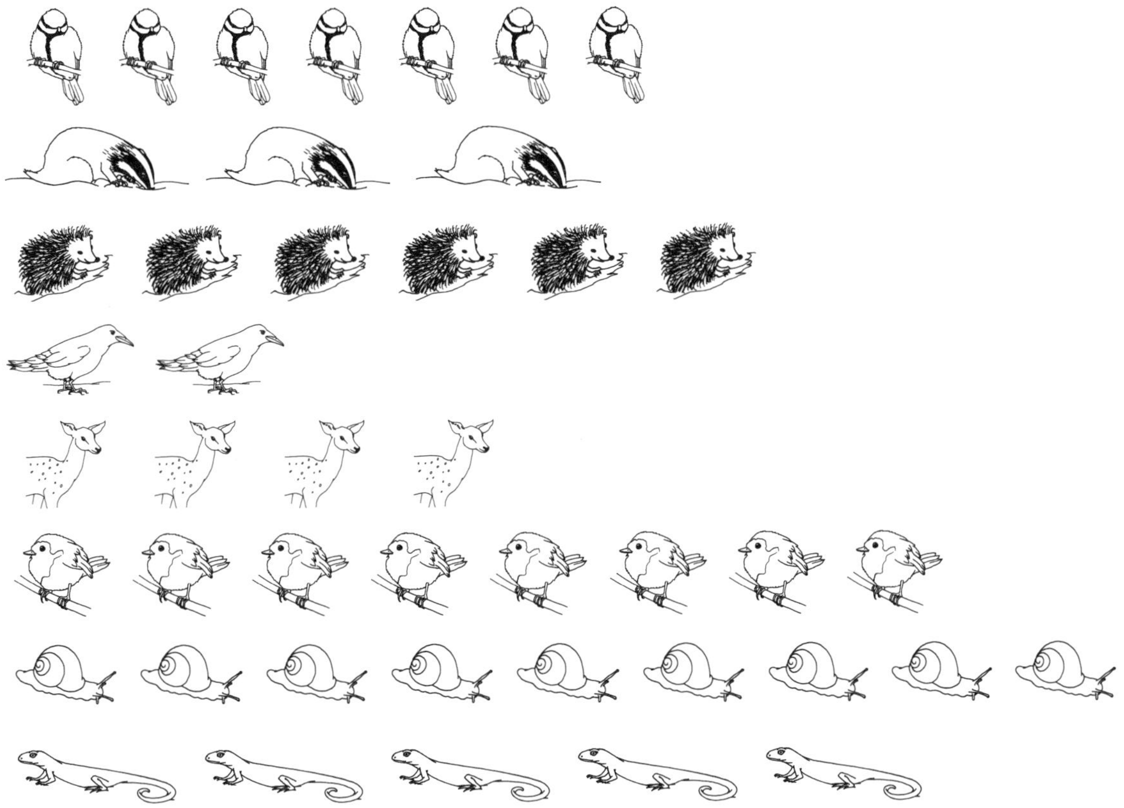

7

Verdopple die Anzahl der Tiere oben.

 7 + 7 = 14

 ☐ + ☐ = ☐

 ☐ + ☐ = ☐

 ☐ + ☐ = ☐

 ☐ + ☐ = ☐

 ☐ + ☐ = ☐

 ☐ + ☐ = ☐

 ☐ + ☐ = ☐

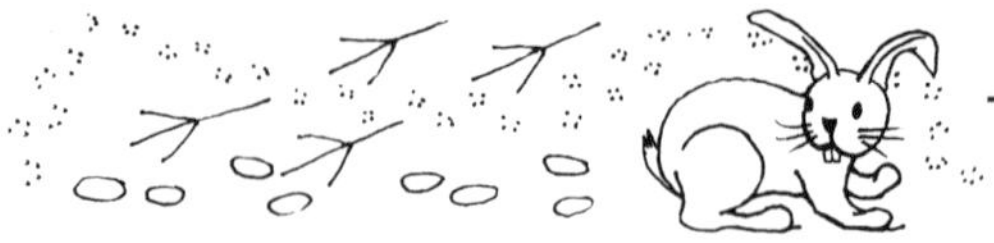

Tier-Memory (1)

Schneide die Kärtchen aus und spiele mit einem Partner Memory.

Dachs		Eidechse	
Ente		Fledermaus	
Frosch		Fuchs	
Hermelin		Hirsch	

 Materialien für den Unterricht: Sandra Noa, Winter in der 1. und 2. Klasse © Hase und Igel Verlag, Garching b. München

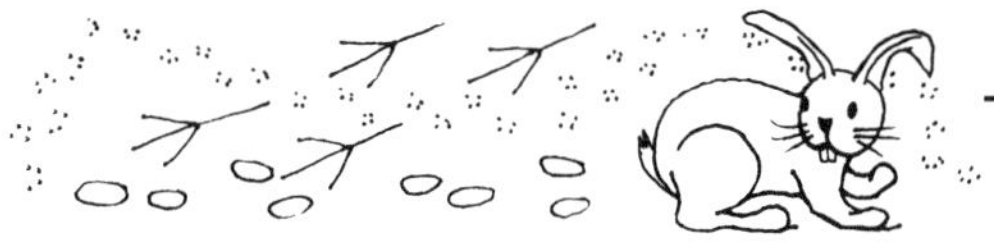

Tier-Memory (2)

Schneide die Kärtchen aus und spiele mit einem Partner Memory.

Igel		Krähe	
Meise		Reh	
Rotkehlchen		Schnecke	
Schwalbe		Zitronenfalter	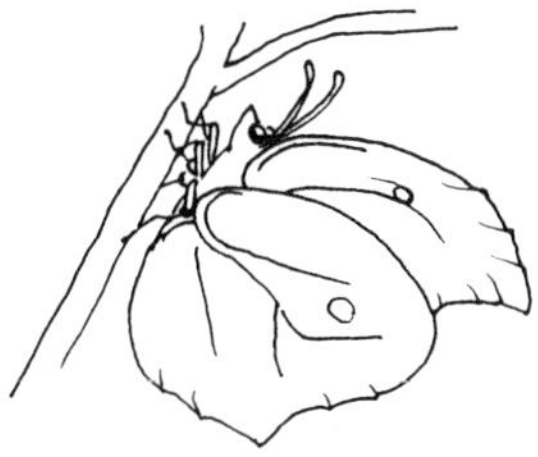

Name:

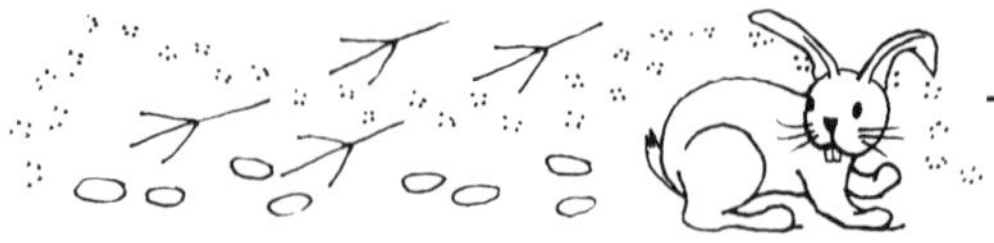

Richtig oder falsch?

Welche Sätze stimmen? Welche sind falsch? Kreuze an.

	richtig	falsch
Schwalben sind Zugvögel.	☐ E	☐ T
Der Igel fällt im Winter in eine Kältestarre.	☐ I	☐ H
Der Schneehase bekommt im Winter ein weißes Fell.	☐ U	☐ M
Meisen sind im Winter in unseren Gärten zu sehen.	☐ R	☐ P
Das Eichhörnchen sammelt Nüsse und Eicheln für den Winter.	☐ R	☐ E
Während des Winterschlafs liegt die Fledermaus in einem Bett.	☐ R	☐ E
Störche verbringen den Winter im Süden.	☐ T	☐ I
Vögel am Vogelhaus fressen am liebsten Plätzchen.	☐ W	☐ N
Das Nest des Eichhörnchens nennt man Kobel.	☐ I	☐ E
Den Enten und Gänsen wachsen im Winter warme Federn.	☐ W	☐ Z

Schreibe die Buchstaben hinter den angekreuzten Kästchen von unten nach oben auf. Wie heißt das Lösungswort?

Das Lösungswort heißt:

______________________________.

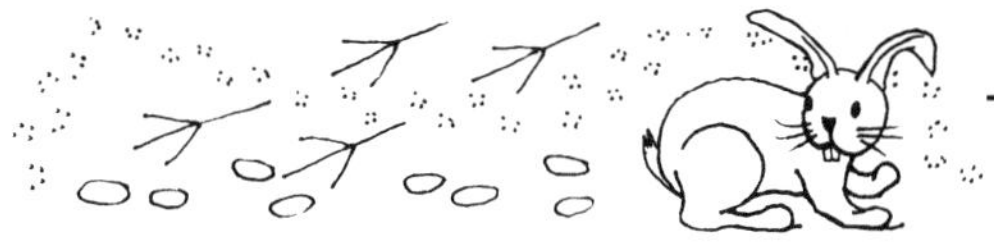

Name:

Tiere am Nordpol

Setze die Namenwörter richtig in den Lückentext ein.

Möwe Wal Nordpol Eisbär

Meer Robben

Am ____________ ist es sehr kalt.

Ein ____________ sitzt auf dem Eis. Er hat einen Fisch gefangen.

Auch einige ____________ suchen nach Beute.

Ein ____________ taucht durch das eiskalte ____________.

Über ihm fliegt eine ____________.

Markiere alle Namenwörter im Text farbig.
Schreibe sie mit den richtigen Begleitern auf.

der Nordpol, ____________

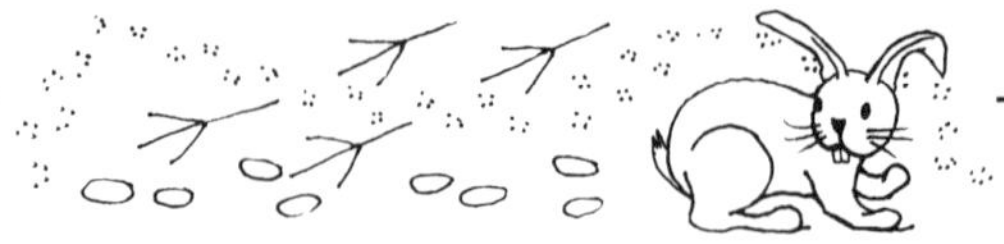

Tiere am Südpol

Schneide die Wortkärtchen aus und sortiere die Wörter nach dem Abc. Klebe sie dann in der richtigen Reihenfolge auf. Wenn du alles richtig gemacht hast, siehst du ein Tier, das am Südpol lebt.

✂

Eis

Südpol

Kälte

Zwergwal

Buckelwal

Tintenfisch

Robbe

Pinguin

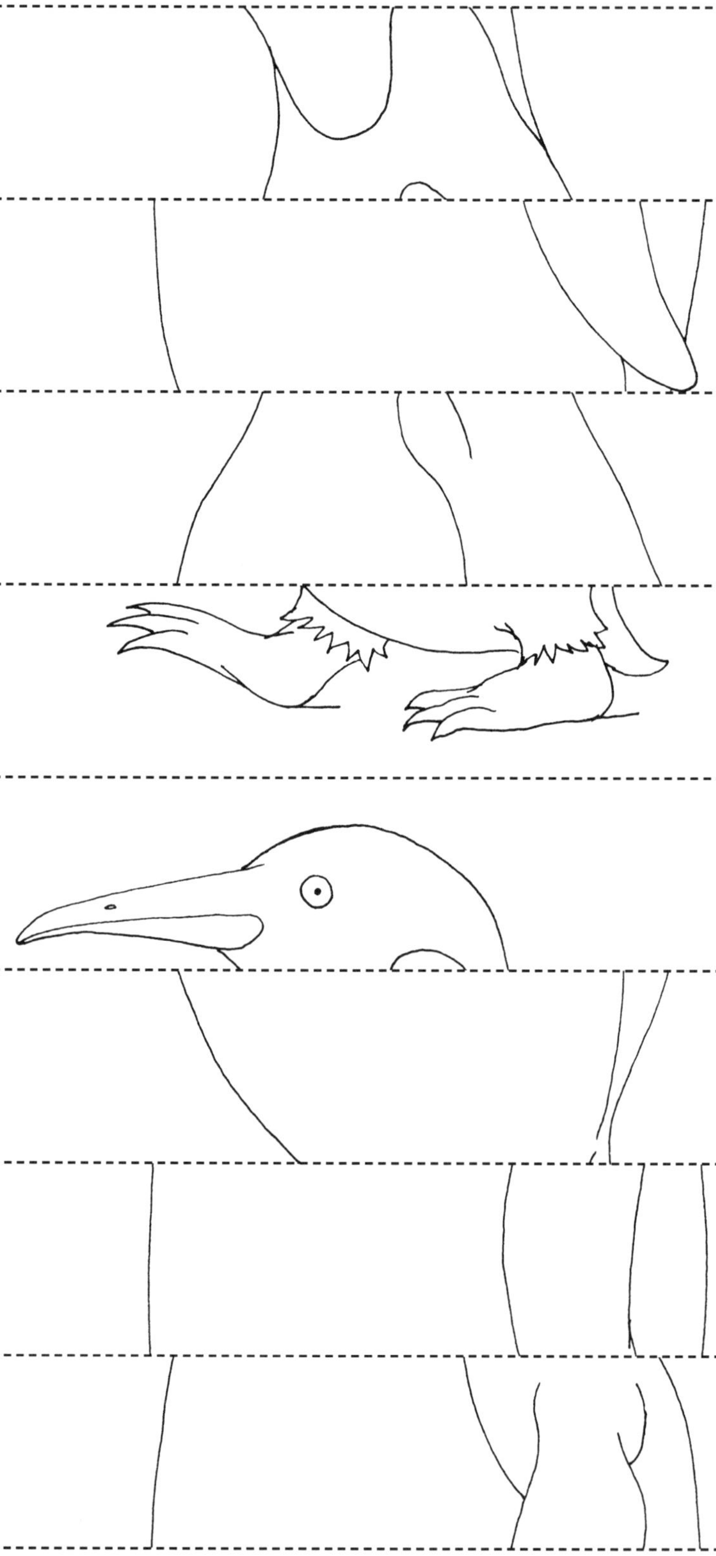

 Materialien für den Unterricht: Sandra Noa, Winter in der 1. und 2. Klasse © Hase und Igel Verlag, Garching b. München

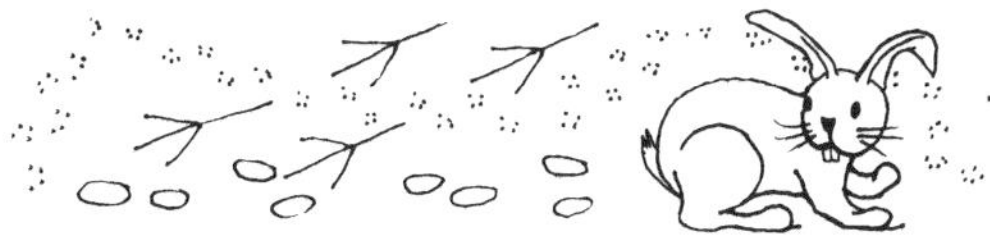

Name:

Schau genau!

Schau dir das Tier am Anfang der Reihe an.
Welches Bild ist genau gleich? Male es farbig an.

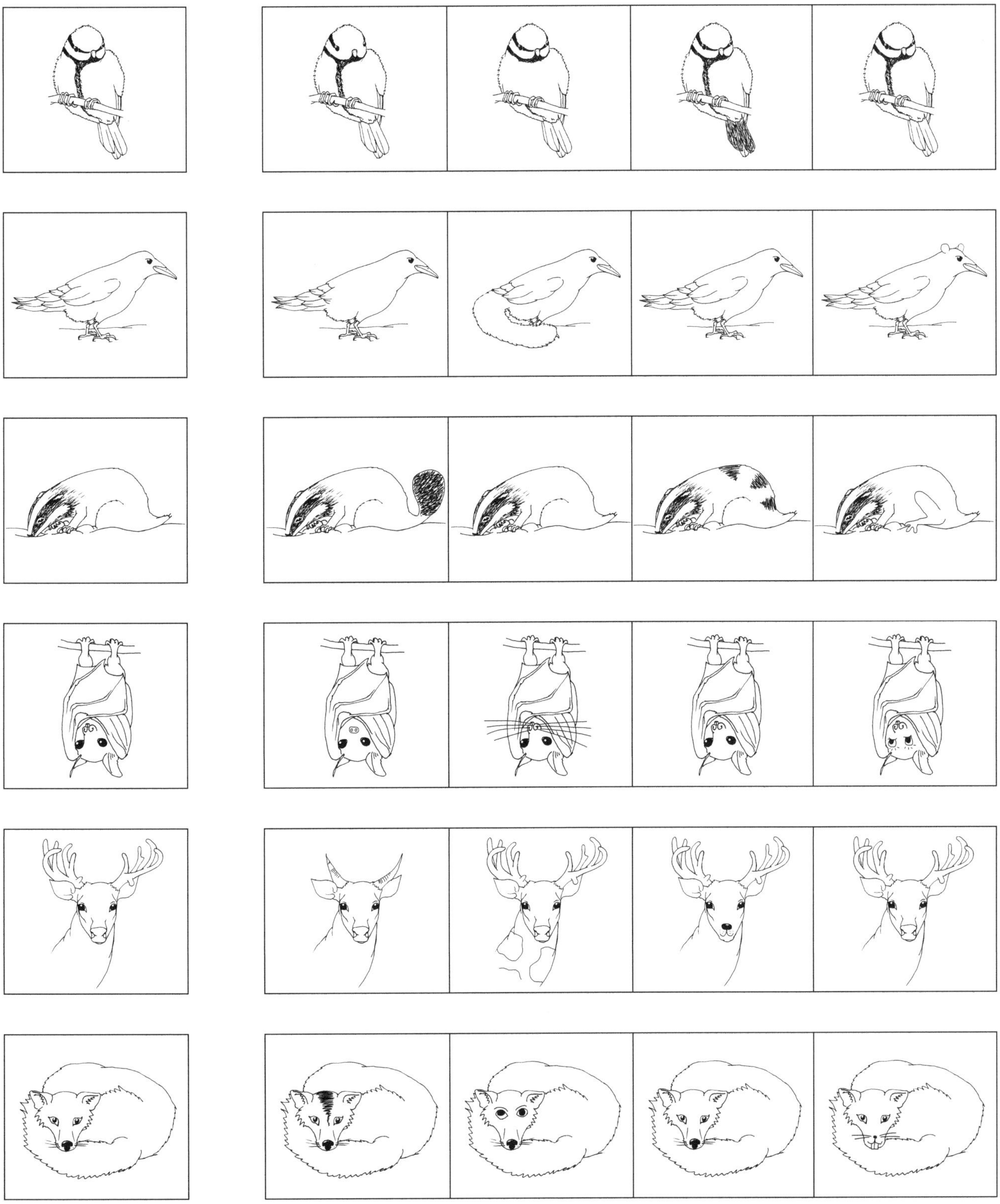

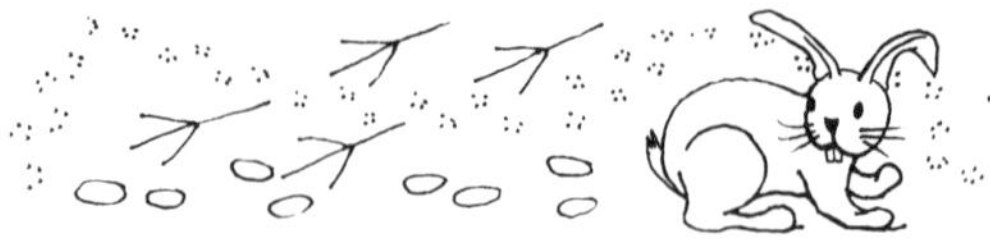

Bärenstarke Witze

Hier sind zwei Witze vermischt worden.

Schneide die Teile aus. Klebe die beiden Witze in der richtigen Reihenfolge auf ein Blatt oder ins Heft.

✂

Zwei Eisbären gehen durch die Wüste.

„Warum das denn?“, wundert sich der andere.

„Weil die hier so viel Sand gestreut haben!“

Zwei Bären sitzen im Herbst in ihrer Höhle und gucken zu, wie das Laub von den Bäumen fällt.

„Hier muss es aber glatt sein“, sagt der eine.

Da sagt der erste Bär: „Dieses Jahr lasse ich den Winterschlaf ausfallen. Ich will wissen, wer im Frühling die Blätter wieder anklebt!“

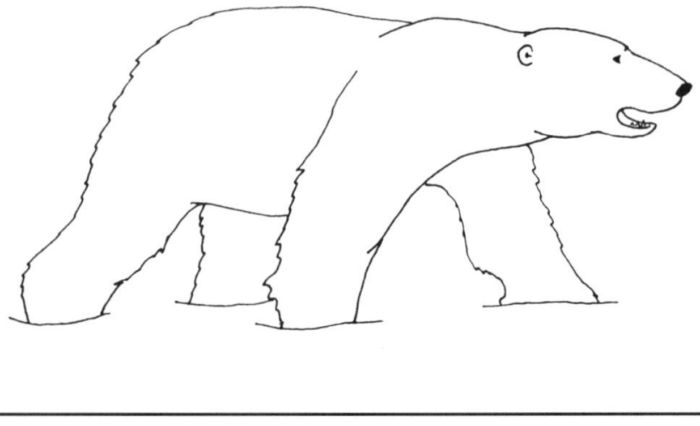

 Materialien für den Unterricht: Sandra Noa, Winter in der 1. und 2. Klasse © Hase und Igel Verlag, Garching b. München

Name:

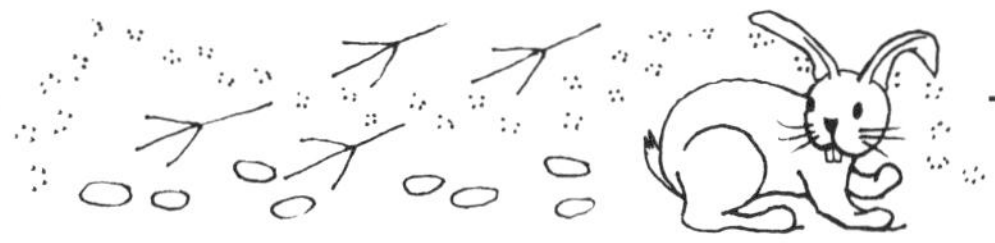

Winterfutter

Verbinde die passenden Satzhälften.

Der Eichelhäher sammelt	•	•	Futter ins Vogelhaus.
Für die Rehe	•	•	überhaupt nichts.
Den Meisen streuen die Menschen	•	•	stellt der Jäger im Winter Futterkrippen auf.
Der Biber frisst im Winter	•	•	Eicheln und Nüsse als Wintervorrat.
Der Igel frisst während des Winterschlafs	•	•	Rinde und Äste, die er vor seiner Burg gelagert hat.

Was frisst das Eichhörnchen im Winter? Schreibe einige Sätze dazu.

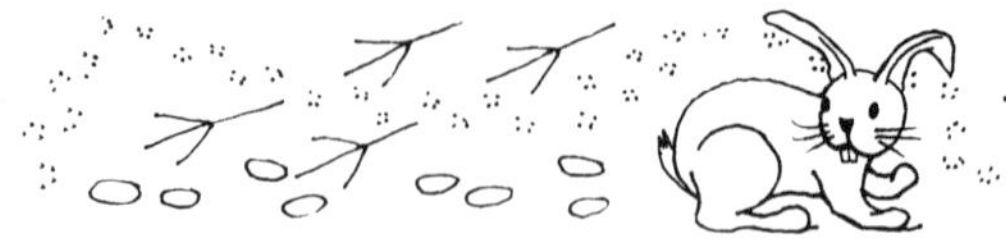

Name:

Über die Schneehasen

Lies den Text. Kreuze die richtigen Antworten an.

Der Schneehase gehört zur Familie der Hasen. Schneehasen gibt es zum Beispiel in Osteuropa, in Schottland und in Irland. Man findet sie auch in Sibirien und in China.
Der Schneehase ist etwas kleiner als der Feldhase. Im Sommer hat er ein graubraunes Fell. Im Winter wird sein Fell weiß, damit er von Feinden im Schnee nicht gesehen wird. Die Ohren eines Schneehasen sind kleiner als die eines Feldhasen. Dies ist bei vielen Tieren so, die in kalten Gegenden leben, denn große Ohren würden viel schneller erfrieren als kleine.
Schneehasen verbringen den Tag in einer Grube im Schnee oder im Erdboden verborgen. Ihre Nahrung ist je nach Jahreszeit unterschiedlich. Schneehasen fressen zum Beispiel Gräser, Rinde von Bäumen und Kräuter.

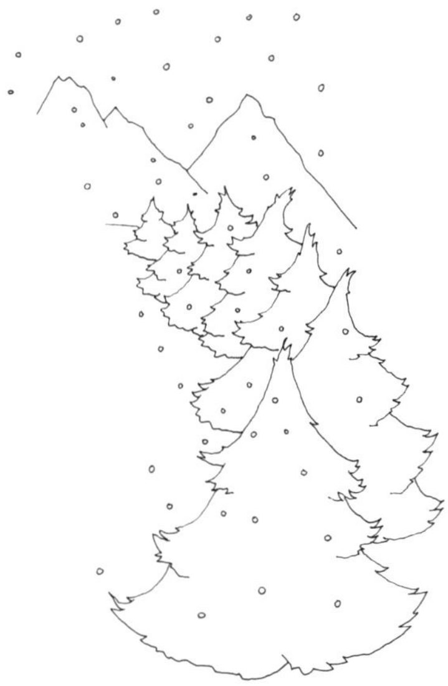

☐ Schneehasen leben auch in Frankreich.
☐ Schneehasen leben auch in Sibirien und in China.
☐ Schneehasen leben auch in Spanien.

☐ Sie bekommen im Winter ein weißes Fell.
☐ Sie bekommen im Winter ein graubraunes Fell.
☐ Sie verlieren im Winter ihr Fell.

☐ Sie haben kleine Ohren, damit Feinde sie nicht entdecken.
☐ Sie haben kleine Ohren, damit sie wenig hören.
☐ Sie haben kleine Ohren, damit die Ohren in der Kälte nicht erfrieren.

 Materialien für den Unterricht: Sandra Noa, Winter in der 1. und 2. Klasse © Hase und Igel Verlag, Garching b. München

6. Kapitel: Pflanzen im Winter

Vorbemerkung

Der Winter ist in der Pflanzenwelt eine Zeit der Ruhe – dies erfahren und erleben auch Stadtkinder. Das Kapitel knüpft an diese winterlichen Erfahrungen der Schüler an. Es liefert Sachinformationen zu Bäumen, die im Herbst ihr Laub abwerfen und im Winter kahl sind, stellt „Überlebenskünstler" wie das Schneeglöckchen vor und animiert die Kinder zum Malen, Basteln und Gestalten rund um das Thema.

Lehrplanbezug

Sachunterricht

- Jahreszeiten kennen und bewusst erleben
- Leben mit der Natur: Lebensweise und Überwinterungsstrategien einzelner Pflanzen

Deutsch

- Texte und Bilder zueinander in Beziehung setzen
- Texte verstehend lesen
- Wörter in Texten ergänzen
- Vermutungen zu Texten äußern
- Vermutungen überprüfen

Kunst

- Zu einem Text malen
- Ein Fensterbild basteln

Zu den Kopiervorlagen

KV Seite 104

Pflanzen im Schnee

Die Schüler ordnen jedem Bild den passenden Satz zu. Überprüfen Sie das Ergebnis gemeinsam, indem Sie die Kinder die Sätze vorlesen lassen. Die Kopiervorlage kann als Gesprächsanregung für das Thema „Überwinterung von Pflanzen" dienen: Warum verlieren Bäume ihre Blätter? Wieso übersteht ein Gänseblümchen auch einen harten Winter?

Lösung

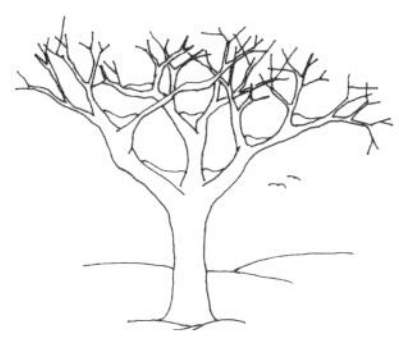	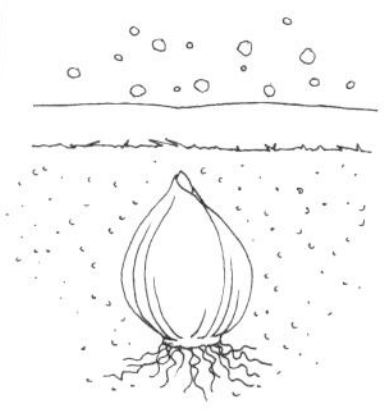	
Die Bäume werfen im Herbst ihre Blätter ab und sind im Winter kahl.	Die Tulpe überwintert in ihrer Zwiebel und blüht im Frühjahr wieder.	Die Rose wird durch Erde und Blätter vor dem Frost geschützt.

Das Beet wird mit Tannenzweigen vor der Kälte geschützt.	Trockene Blüten und Blätter werden abgeschnitten, damit im Frühjahr neue Triebe wachsen können.	Gänseblümchen überstehen auch einen harten Winter im Schnee.

KV Seite 105

Ein Winterbaum

Diese Kopiervorlage richtet sich an Erstklässler oder an schwache Leser, die der Förderung bedürfen. Lese-Mal-Aufgaben machen den Kindern meist viel Spaß und bieten zusätzlich eine Möglichkeit, das sinnentnehmende Lesen zu überprüfen. Die zweite Aufgabe ist als Differenzierung für schnellere Schüler gedacht.

Lösung
Aufgabe 2:

Es ist Dezember.
Ein alter Baum steht kahl
vor einem braunen Zaun.
Ein schwarzer Vogel hat sich
auf einen Ast gesetzt und singt
ein einsames Lied.
Graue Wolken ziehen am Himmel.
Die Sonne schickt ihr bleiches Licht
zur Erde.

Weitere Anregung für den Kunstunterricht
Regen Sie die Kinder an, Winterbäume aus Tinte zu gestalten. Dazu malen sie zunächst einen schwarzen Baumstamm. Oben, wo sich der Baum zu Ästen verzweigt, geben sie einen Klecks schwarzer Tinte auf das Blatt. Mit einem Strohhalm „verpusten" die Schüler dann die Tinte unregelmäßig, sodass sich ein bizarrer schwarzer Baum ergibt. Mit Wachsmalstiften können die Kinder anschließend einen blau-grauen Hintergrund gestalten und einen Zaun und Vögel malen.

KV Seite 106
Warum Bäume im Winter kahl sind
Diese Frage wird in dem kurzen, aber informationsdichten Sachtext beantwortet. Zusätzlich können Sie den Kindern weitere Informationen geben:
- Täglich kann ein Laubbaum mehrere Hundert Liter Wasser über seine Blätter verdunsten.
- Die Blätter der Laubbäume fallen zu Boden, verrotten dort mit der Zeit und zersetzen sich. So dienen sie dem Baum im Frühjahr wieder als Nahrung.
- Auch in einem sehr heißen und trockenen Sommer werfen Laubbäume ihre Blätter ab. Dies bewahrt sie davor, über die Blätter zu viel Wasser zu verdunsten und somit zu vertrocknen.

Lösung
☒ Die Blätter stellen mithilfe von Sonnenlicht Nährstoffe für den ganzen Baum her.
☐ Mithilfe der Blätter stellen die Bäume Sonnenlicht her.
☒ Die Blätter haben an der Unterseite viele kleine Poren.
☐ An der Unterseite der Blätter befinden sich viele kleine Tropfen.
☐ Im Winter könnten sich die Poren der Blätter schließen.
☒ Im Winter könnte das Wasser in den Poren der Blätter gefrieren.
☒ Auf einem Baum ohne Blätter bleibt weniger Schnee liegen.
☐ Auf einem Baum ohne Blätter bleibt mehr Schnee liegen.
☒ Wenn viel Schnee auf den Zweigen liegt, können sie abbrechen.
☐ Wenn die Äste zu wenig Licht bekommen, können sie abbrechen.

KV Seite 107
Winterruhe für den Garten
Der Lückentext über den Garten bezieht auch die Vogelwelt mit ein, die den Kindern bereits im Kapitel „Tiere im Winter" begegnet ist. Wenn Sie einzelne „schwere Wörter" wie „Energie" oder „Rindenmulch" vorab nochmals gesondert mit den Schülern üben, ist der Text auch für ein Partnerdiktat im zweiten Schuljahr geeignet.

Lösung
Im Winter legt auch der Garten eine Ruhepause ein.
Die Bäume haben alle Blätter abgeworfen.
So sparen sie Energie, die sie im Frühling wieder brauchen. Empfindliche Pflanzen werden abgedeckt.
Sie haben es unter Stroh und Rindenmulch schön warm.
Viele Singvögel sind weggeflogen.
Sie überwintern im warmen Süden, z. B. in Afrika.
Manche Vögel sind aber auch bei uns geblieben. Amseln und Meisen lassen sich zum Beispiel oft im Garten beobachten.
Bei einem strengen Winter freuen sich die Vögel im Garten über eine Extraportion Futter.

KV Seite 108
Das Schneeglöckchen
Schneeglöckchen blühen gegen Ende des Winters in vielen Vorgärten und sind daher den meisten Kindern bekannt. Das Schneeglöckchen ist nicht nur eine sehr schöne und widerstandsfähige, sondern auch eine erstaunliche Pflanze: Das Galantamin, das aus der Pflanze gewonnen wird, wird als Mittel gegen Demenz genutzt, um die Alzheimer-Krankheit zu bremsen. Außerdem produziert die Pflanze „Biowärme", mit der sie den Schnee um sich herum ein wenig schmelzen lässt.

Es ist reizvoll, die Kinder zunächst Vermutungen anstellen zu lassen, die sie später mithilfe von Nachschlagewerken oder Sachbüchern überprüfen. Falls gerade Schneeglöckchen verfügbar sind, sollten Sie sie in der Klasse genauer unter die Lupe nehmen.

Lösung
Aufgabe 2:

	Wirklichkeit	
	richtig	falsch
Es gibt verschiedene Arten von Schneeglöckchen.	x	
Alle Schneeglöckchen lieben einen sehr sonnigen Standort.		x
Die Monate September und Oktober eignen sich gut als Pflanzzeit.	x	
Beim Pflanzen legt man die Zwiebelchen etwa 6–10 cm tief in die Erde.	x	
Die Pflanze produziert Wärme, mit der sie Schnee um den Stängel und die Blätter etwas schmelzen kann.	x	
Schneeglöckchen blühen im Herbst.		x
Schneeglöckchen brauchen im Winter ausreichend Feuchtigkeit.	x	
Alle Pflanzenteile, besonders die Zwiebeln, sind giftig.	x	
Schneeglöckchen werden auch für Medikamente genutzt.	x	

KV Seite 109

Schneeglöckchen für das Fenster
Schneeglöckchen gelten als erste Frühlingsboten. Als Fensterbild können sie die Freude auf den Frühling erhöhen. Viele Kinder kennen bereits Window-Colours und haben schon Fensterbilder damit gestaltet. Nutzen Sie die Vorlage entweder dafür oder geben Sie den Kindern die Möglichkeit, das Bild mit Buntstiften oder Tonpapier zu gestalten.

Pflanzen Sie Schneeglöckchen im Schulgarten, wenn Sie die Möglichkeit dazu haben. Schneeglöckchen brauchen einen halbschattigen Standort vor oder unter Gehölzen und bevorzugen einen humosen, lockeren Boden. Die Monate September/Oktober empfehlen sich als beste Pflanzzeit. Die kleinen Zwiebeln werden einige Zentimeter tief in den Boden gelegt. Ausreichend winterfeuchte Standorte sind am besten geeignet.

Pflanzen im Schnee

Schneide die Bilder und Sätze aus. Klebe zu jedem Bild den passenden Text in dein Heft oder auf ein Blatt.

✂

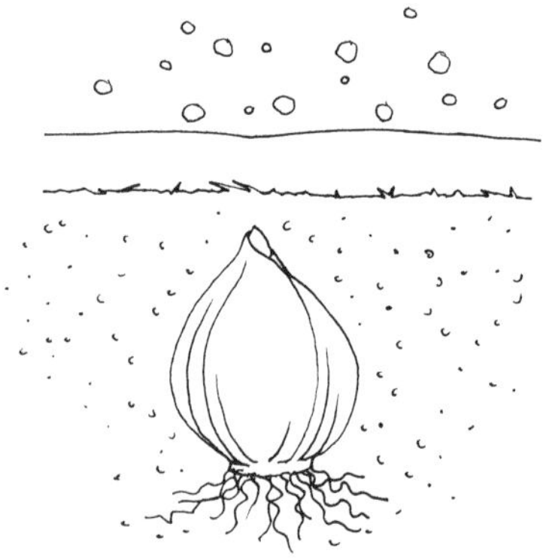

Gänseblümchen überstehen auch einen harten Winter im Schnee.	Die Tulpe überwintert in ihrer Zwiebel und blüht im Frühjahr wieder.	Trockene Blüten und Blätter werden abgeschnitten, damit im Frühjahr neue Triebe wachsen können.
Das Beet wird mit Tannenzweigen vor der Kälte geschützt.	Die Rose wird durch Erde und Blätter vor dem Frost geschützt.	Die Bäume werfen im Herbst ihre Blätter ab und sind im Winter kahl.

Name:

Ein Winterbaum

Lies den Text und male ein passendes Bild dazu.

Es ist Dezember.
Ein alter Baum steht kahl
vor einem braunen Zaun.
Ein schwarzer Vogel hat sich
auf einen Ast gesetzt und singt
ein einsames Lied.
Graue Wolken ziehen am Himmel.
Die Sonne schickt ihr bleiches Licht
zur Erde.

Unterstreiche alle Namenwörter im Text.

Name:

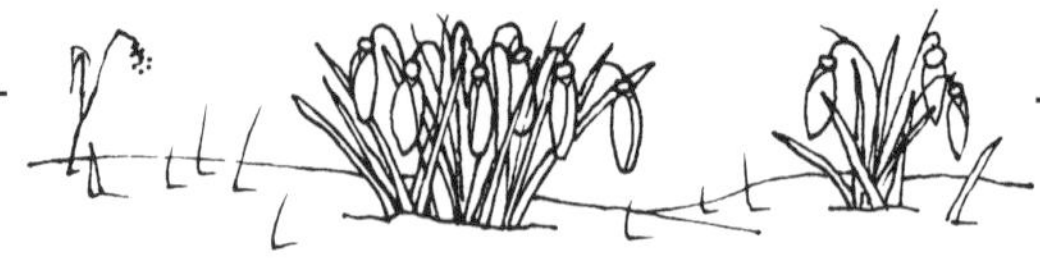

Warum Bäume im Winter kahl sind

Lies den Text und kreuze die richtigen Aussagen an.

Wenn es kälter wird und die Sonne weniger scheint, wird es für die Bäume schwierig, mithilfe der Blätter aus Sonnenlicht Nährstoffe für den ganzen Baum herzustellen. Deshalb werfen sie im Herbst ihre Blätter ab. Es gibt weitere gute Gründe für das Abwerfen des Laubes: Die Blätter haben an der Unterseite viele kleine Poren.
Durch diese Poren verdunsten sie Wasser. Das ist so wie bei uns Menschen, wenn wir schwitzen. Im Winter könnte das Wasser gefrieren und die Blätter und sogar die Zweige zerstören.
Auf Zweigen mit Blättern kann auch viel mehr Schnee liegen bleiben und so könnten im Winter viele Äste abbrechen. Vor der Kälte schützt sich der Baum übrigens auch durch seine dicke Rinde.

- [ ] Die Blätter stellen mithilfe von Sonnenlicht Nährstoffe für den ganzen Baum her.
- [ ] Mithilfe der Blätter stellen die Bäume Sonnenlicht her.
- [ ] Die Blätter haben an der Unterseite viele kleine Poren.
- [ ] An der Unterseite der Blätter befinden sich viele kleine Tropfen.
- [ ] Im Winter könnten sich die Poren der Blätter schließen.
- [ ] Im Winter könnte das Wasser in den Poren der Blätter gefrieren.
- [ ] Auf einem Baum ohne Blätter bleibt weniger Schnee liegen.
- [ ] Auf einem Baum ohne Blätter bleibt mehr Schnee liegen.
- [ ] Wenn viel Schnee auf den Zweigen liegt, können sie abbrechen.
- [ ] Wenn die Äste zu wenig Licht bekommen, können sie abbrechen.

Name: 

Winterruhe für den Garten

 **Fülle die Lücken im Text mit den passenden Wörtern.**

Blätter Singvögel Bäume Futter Süden Frühling Ruhepause abgedeckt Meisen sparen

Im Winter legt auch der Garten eine __________ ein.

Die __________ haben alle __________ abgeworfen.

So __________ sie Energie, die sie im __________ wieder brauchen. Empfindliche Pflanzen werden __________.

Sie haben es unter Stroh und Rindenmulch schön warm.

Viele __________ sind weggeflogen.

Sie überwintern im warmen __________, z. B. in Afrika.

Manche Vögel sind aber auch bei uns geblieben. Amseln und __________ lassen sich zum Beispiel oft im Garten beobachten.

Bei einem strengen Winter freuen sich die Vögel im Garten über eine Extraportion __________.

Name:

Das Schneeglöckchen

Lies die Sätze. Kreuze deine Vermutung an:
Sind die Sätze richtig oder falsch?

Vermutung			Wirklichkeit	
richtig	falsch		richtig	falsch
		Es gibt verschiedene Arten von Schneeglöckchen.		
		Alle Schneeglöckchen lieben einen sehr sonnigen Standort.		
		Die Monate September und Oktober eignen sich gut als Pflanzzeit.		
		Beim Pflanzen legt man die Zwiebelchen etwa 6–10 cm tief in die Erde.		
		Die Pflanze produziert Wärme, mit der sie Schnee um den Stängel und die Blätter etwas schmelzen kann.		
		Schneeglöckchen blühen im Herbst.		
		Schneeglöckchen brauchen im Winter ausreichend Feuchtigkeit.		
		Alle Pflanzenteile, besonders die Zwiebeln, sind giftig.		
		Schneeglöckchen werden auch für Medikamente genutzt.		

Lies in einem Sachbuch nach oder nutze das Internet.
Kreuze an, was tatsächlich stimmt.

 © Hase und Igel Verlag, Garching b. München

Schneeglöckchen für das Fenster

Gestalte die Vorlage mit Window-Colours oder mit farbigem Tonpapier. Schmücke damit dein Fenster.

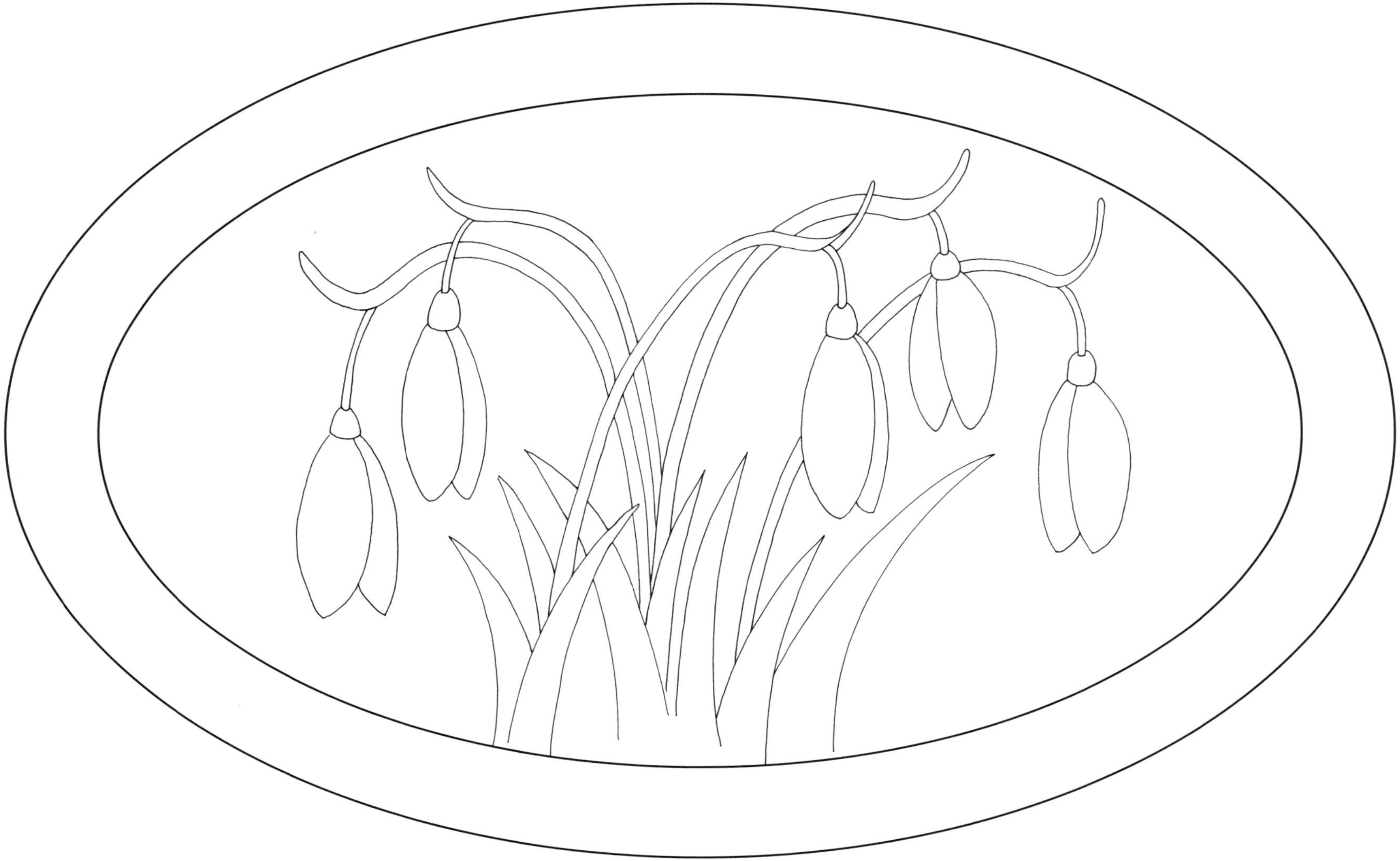

7. Kapitel: Allerlei Nüsse

Vorbemerkung

„Apfel, Nuss und Mandelkern haben alle Kinder gern“, heißt es in einem alten Weihnachtsgedicht. Auf die meisten Schüler trifft dies auch heute noch zu. Viele Kinder knacken die Nüsse, die sie essen, auch gerne selbst. Nüsse gehören zum Winter und besonders zur Weihnachtszeit.

Das Thema „Nüsse“ kann als Unterrichtsprojekt mit zahlreichen fächerverbindenden Bezügen gestaltet werden. Ob die Kinder der typischen Nussknackerfigur aus dem Erzgebirge oder Tschaikowskis „Nussknacker“ begegnen – das Thema lässt sich facettenreich und anschaulich behandeln und erweitert den Erfahrungshorizont der Kinder.

Lehrplanbezug

Sachunterricht
- Nüsse aus Deutschland und der Welt
- Nussknacker und ihre Funktionsweise

Deutsch
- Einen Auszug aus einem literarischen Text lesen
- Die eigene Meinung formulieren
- Text-Bild-Zuordnungen vornehmen
- Fragen zu einem informierenden Text beantworten
- Anleitungstexte lesen, verstehen und umsetzen
- Kleine Szenen für ein Stabpuppentheater erfinden und aufführen

Kunst
- Gefühle in Bildern ausdrücken
- Instrumente aus Nüssen basteln

Musik
- Musik hören und empfinden
- Musik in ein Theaterstück umsetzen
- Instrumente erkennen

Zu den Kopiervorlagen

KV Seite 115

Wer ist der nützliche Mann?

Nutzen Sie den Ausschnitt aus dem Märchen „Nussknacker und Mäusekönig“ von E. T. A. Hoffmann als Einführung ins Thema. Der Textauszug stammt aus dem ersten Drittel der Geschichte. Erklären Sie den Kindern im Vorfeld, dass sie einen alten Text kennenlernen, dessen Sprache teilweise etwas ungewöhnlich klingt. Es geht darin um ein ganz besonderes Weihnachtsgeschenk. Lesen Sie den Textausschnitt dann vor. Danach liest jedes Kind den Text nochmals für sich. Räumen Sie im Anschluss in einer Gesprächsrunde Verständnisschwierigkeiten aus.

Dass der „Mann mit dem weißen Bart“ ein Nussknacker ist, finden die Schüler sicher sehr schnell heraus. Die zweite Aufgabe regt die Kinder dazu an, nochmals genauer in den Text zu schauen und die Stellen zu unterstreichen, die etwas über den Nussknacker aussagen. Diese Aufgabe können Sie auch im Klassenverband am Overheadprojektor lösen. Zeigen Sie einen entsprechenden Nussknacker, wenn Sie einen solchen zur Verfügung haben. Sicher haben die Schüler auch Freude daran, ihn einmal auszuprobieren.

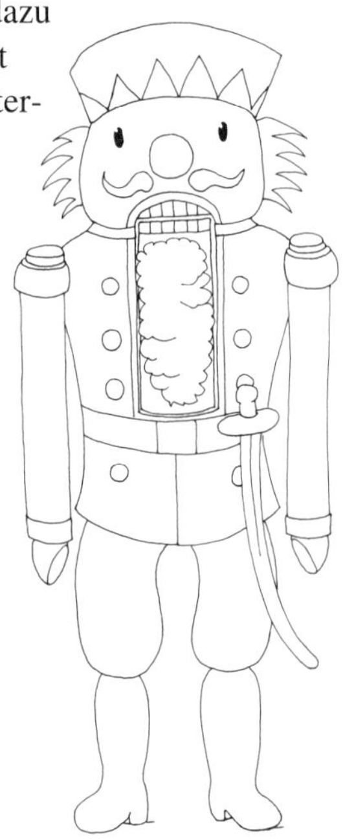

Lösung

Aufgabe 2:
Er ist ein Nussknacker.

Aufgabe 3:
Indem Marie den netten Mann, den sie auf den ersten Blick liebgewonnen hatte, immer mehr und mehr ansah, da wurde sie erst recht inne, welche Gutmütigkeit auf seinem Gesicht lag. Aus den hellgrünen, etwas zu großen hervorstehenden Augen sprach nichts als Freundschaft und Wohlwollen. Es stand dem Manne gut, dass sich um sein Kinn ein wohlfrisierter Bart von weißer Baumwolle legte, denn umso mehr konnte man das süße Lächeln des hochroten Mundes bemerken.

„Ach!“, rief Marie endlich aus, „ach lieber Vater, wem gehört denn der allerliebste kleine Mann dort am Baum?“

„Der“, antwortete der Vater, „der, liebes Kind, soll für euch alle tüchtig arbeiten, er soll euch fein die harten Nüsse aufbeißen und er gehört Luisen ebensogut als dir und dem Fritz.“

Damit nahm ihn der Vater behutsam vom Tische und indem er den hölzernen Mantel in die Höhe hob, sperrte das Männlein den Mund weit, weit auf und zeigte zwei Reihen sehr weißer, spitzer Zähnchen. Marie schob auf des Vaters Geheiß eine Nuss hinein und – knack – hatte sie der Mann zerbissen, dass die Schalen abfielen und Marie den süßen Kern in die Hand bekam. (…)

„Nussknacker und Mäusekönig“
von E. T. A. Hoffmann

Ernst Theodor Amadeus Hoffmann, eigentlich Ernst Theodor Wilhelm Hoffmann, wurde am 24. Januar 1776 in Königsberg geboren. Er gilt als Vertreter der schwarzen Romantik und wurde besonders durch seinen Schauerroman „Die Elixiere des Teufels“ bekannt. E. T. A. Hoffmann starb am 25.6.1822 in Berlin.

E. T. A. Hoffmann verfasste das Märchen „Nussknacker und Mäusekönig“ im Jahre 1816. Es handelt von einem kleinen Mädchen namens Marie, das zu Weihnachten einen verzauberten Nussknacker bekommt. Sie hilft dem Nussknacker dabei, das Puppenreich von dem bösen Mäusekönig zu befreien.

Ursprünglich war die Geschichte nicht für Kinder geschrieben. Sie hatte morbide Züge und einen eher sarkastischen Unterton. Alexandre Dumas überarbeitete das Märchen und kreierte eine Erzählung, die sich zur kindlichen Unterhaltung eignete.

Dumas' Version der Geschichte wurde später von Pjotr Iljitsch Tschaikowski (1840–1893) vertont und zu einem sehr populären Ballett. Im Dezember 1892 wurde in Sankt Petersburg die Premiere gefeiert. Das Ballet wird bis heute von vielen Theatern und Opernhäusern regelmäßig – meist um die Weihnachtszeit – aufgeführt und spricht sowohl Kinder als auch Erwachsene an.

KV Seite 116

Nussknacker-Suite

Erzählen Sie den Kindern, dass ein Komponist zu der Geschichte von E. T. A. Hoffmann später die Musik für ein Ballett komponiert hat. Vielleicht gibt es Schüler in der Klasse, die Ballettunterricht haben und als „Experten“ erklären können, was ein Ballett ist und was man in einer Ballettschule lernt. Möglicherweise haben einige Kinder schon einmal eine Ballettaufführung gesehen oder sie kennen die Musik zum „Nussknacker“. Geben Sie den Schülern die Möglichkeit, von ihren Erfahrungen zu berichten.

Die Kinder schließen dann die Augen und legen den Kopf auf den Tisch. Weisen Sie die Schüler darauf hin, dass sie beim Anhören der Musik darauf achten sollen, wie sie sich fühlen. Ihre Eindrücke und Vorstellungen setzen sie dann auf der Kopiervorlage bildnerisch um. In der zweiten Aufgabe notieren die Kinder einzelne Instrumente, die sie beim Anhören des Musikstücks identifizieren konnten. Falls Ihre Schüler bislang wenig Kontakt mit Musikstücken und -instrumenten hatten, können Sie ihnen vorbereitend einige Instrumente vorstellen.

Der Aufbau der Nussknacker-Suite:

I. Ouverture miniature: Allegro giusto

II. Danses caractéristiques

a) Marche: Tempo di marcia viva
b) Danse de la Fée Dragée (Tanz der Zuckerfee): Andante non troppo
c) Danse russe Trepak (Russischer Tanz): Tempo di Trepak, molto vivace
d) Danse arabe (Arabischer Tanz): Allegretto
e) Danse chinoise (Chinesischer Tanz): Allegro moderato
f) Danse des mirlitons (Tanz der Blechflöten): Moderato assai

III. Valse des fleurs (Blumenwalzer): Tempo di Valse

KV Seite 117

Nussknacker-Tänze

Die Nussknacker-Suite ist ein ganz besonderes Ballettstück, denn man erkennt an der Musik, aus welchen Ländern die Tänze kommen. Spielen Sie Ihren Schülern die Tänze der Nussknacker-Suite vor. Erkennen die Kinder die Herkunft der Musik? Die Schüler sollen ins Gespräch kommen und ihre Einschätzung begründen.

Erstellen Sie eine Folienkopie des Arbeitsblattes und nehmen Sie die Nummerierung gemeinsam mit der gesamten Lerngruppe am Overheadprojektor vor. Erklären Sie den Kindern auch, dass eine „Ouvertüre“ ein „Eröffnungsstück“ ist.

Lösung

Aufgabe 1:

[1] Kleine Ouvertüre
[2] Marsch
[7] Tanz der Blechflöten
[3] Tanz der Zuckerfee
[5] Arabischer Tanz
[4] Russischer Tanz
[6] Chinesischer Tanz
[8] Blumenwalzer

KV Seite 118

Mit viel Fantasie …

Die Geschichte von „Nussknacker und Mäusekönig“ und die Ballettmusik haben sicherlich die Fantasie der Kinder angeregt. Auf der Kopiervorlage malen die Schüler die Figuren aus der Geschichte so, wie sie sich Marie, den Nussknacker, den Mäusekönig und die Zuckerfee vorstellen. Im Gesprächskreis zeigen die Kinder ihre Bilder und erläutern ihre Darstellung.

KV Seite 119/120

Nussknacker-Figuren für ein Stabpuppenspiel

Basteln Sie mit den Kindern die Stabpuppen: Die Schüler schneiden die Vorlagen aus und kleben sie auf dickere Pappe. Anschließend malen sie die Figuren an und schneiden sie exakt am Rand aus. Zum Schluss kleben sie einen Schaschlikspieß oder Trinkhalm von hinten an die Figuren, damit sie von unten geführt werden können.

Die Bühne ist schnell gebaut: Hängen Sie einfach eine Decke oder ein Tischtuch zwischen zwei Stuhllehnen oder Tische, sodass sich die Puppenspieler dahinter verstecken können.

Und schon kann es losgehen mit dem Improvisationstheater: Sprechen Sie die Geschichte mit den Schülern nochmals durch. An einigen Stellen müssen Sie den Kindern sicher auf die Sprünge helfen. Meist funktioniert das Spielen des Stücks ohne vorgeschriebene Texte aber ganz gut und ist sehr unterhaltsam für die Zuschauer. Zwischendurch wird gewechselt, sodass jeder mal im Publikum sitzt. Mehr Figurenführer gibt es, wenn auch die Kulisse „lebt“. Lassen Sie Ihre Schüler verschiedene Bühnenbilder für die einzelnen Szenen basteln: Bett, Weihnachtsbaum, das Reich der Süßigkeiten …

Wenn Sie das Theaterstück etwas professioneller gestalten möchten, erarbeiten Sie im Vorfeld gemeinsam mit Ihren Schülern Sprechertexte und Regieanweisungen. Dies nimmt dann allerdings sicher mehrere Tage in Anspruch und erfordert von den Kindern eine genauere Kenntnis der Textvorlage. Dafür ist es sinnvoll, das gesamte Buch „Nussknacker und Mäusekönig“ vorzulesen. Eine verfügbare Ausgabe ist z. B. Christiane Landgrebe (Hrsg.): Nussknacker und Mäusekönig und andere Erzählungen zur Weihnacht. Ullstein 1997. Es sind auch zahlreiche Ausgaben der Geschichte auf CD im Buchhandel erhältlich, falls Sie den Text nicht selbst vorlesen möchten.

KV Seite 121

Verschiedene Nussknacker

Was hat es eigentlich mit den Nussknackern auf sich? Mit diesem Arbeitsblatt holen Sie Ihre Schüler nach der Reise in die Märchenwelt wieder zurück in die Realität. Fragen Sie die Kinder, welche Nussknacker sie kennen, und sprechen sie über die Funktionsweise. Am besten probieren die Schüler selbst verschiedene Methoden des Nüsseknackens aus. Schaffen sie es z. B., Walnüsse mit der Hand zu knacken? Geht es mit zwei Nüssen gleichzeitig besser? Schaffen sie es mit einem Nussknacker?

Bitten Sie Ihre Schüler auch, einen Nussknacker von zu Hause mitzubringen. Vergleichen Sie die Auswahl mit dem Arbeitsblatt und lassen Sie die Kinder die Funktionsweisen ausprobieren. So merken die Schüler sehr schnell, welche Nussknacker auf der Kopiervorlage es in Wirklichkeit gibt und welche nicht funktionieren können.

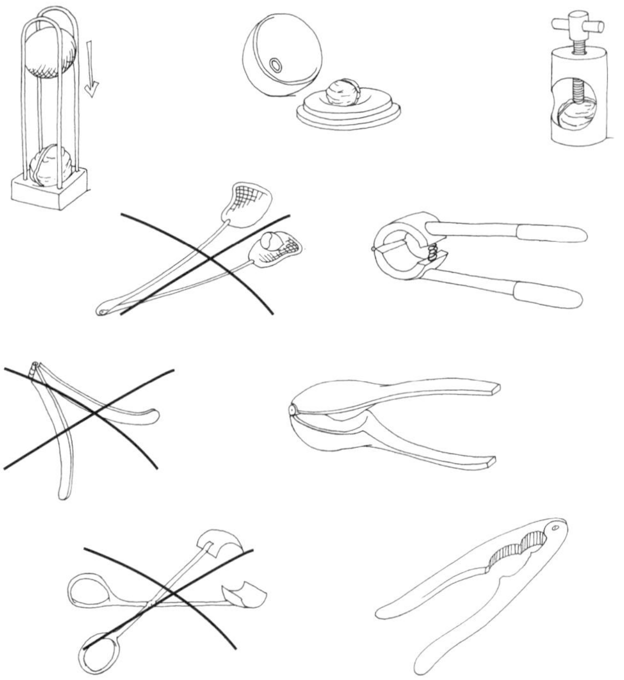

Nussknacker aus dem Erzgebirge

Die Nussknacker-Figuren gibt es im Erzgebirge seit Mitte des 19. Jahrhunderts. Als Erfinder gilt Wilhelm Friedrich Füchtner aus Seiffen. Er drechselte den ersten erzgebirgischen Nussknacker nach dem Vorbild des Bilderbuchs „König Nussknacker und der arme Reinhold“ vom Struwwelpeter-Autor Heinrich Hoffmann.

Ein etwa 35 cm großer Nussknacker dieser Art wird in über 100 Arbeitsgängen hergestellt und kann aus bis zu 60 Einzelteilen bestehen. Es wird überwiegend Fichten- und Buchenholz verarbeitet.

Diese Nussknacker funktionieren mittels Hebeltechnik: Man legt eine Nuss in den Mund der Figur ein und übt über den Hebel Druck aus, bis die Nussschale zerbricht.

KV Seite 122 **Welt der Nüsse**

Die Kopiervorlage bietet viele interessante Informationen über unterschiedliche, auch weniger bekannte Nüsse. Stellen Sie, wenn möglich, die verschiedenen Nüsse als Anschauungsobjekte bereit. Lassen Sie die Schüler die Nüsse mit allen Sinnen entdecken, damit das Thema nicht nur theoretisch behandelt wird: Die Kinder schauen sich die Nüsse an, klopfen damit auf ihren Tisch und vergleichen dabei den Klang und befühlen sie. Ein Geschmacksvergleich ist sicher für alle Schüler ebenfalls sehr spannend.

Lösung

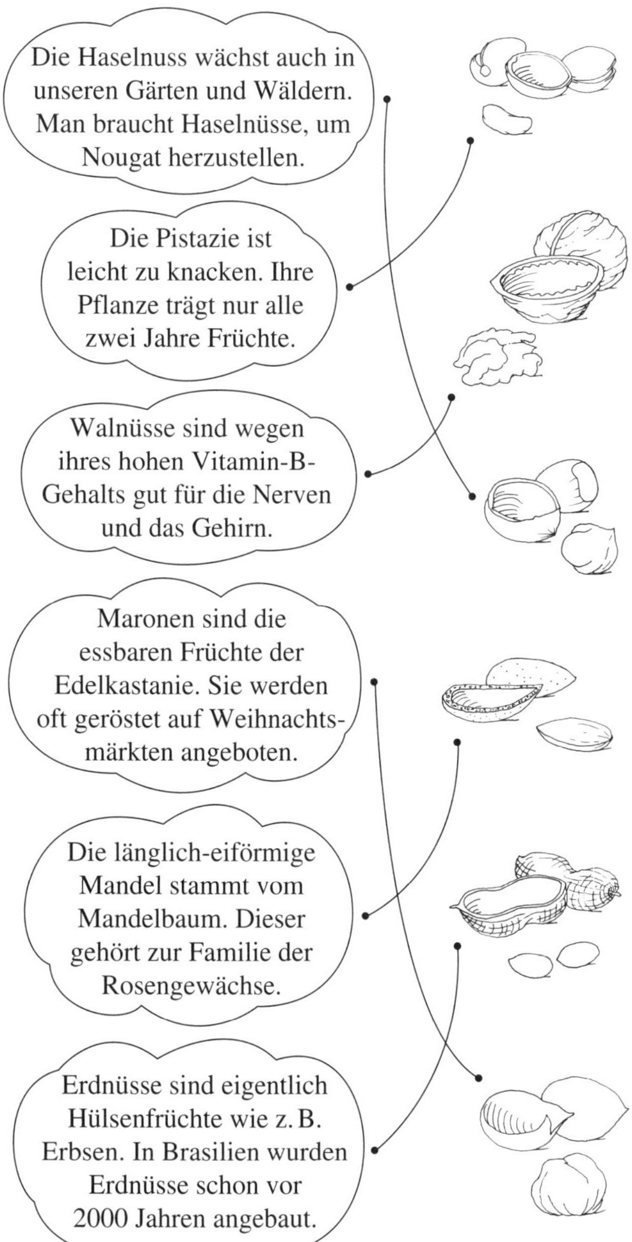

Nüsse

Erdnuss, Kokosnuss oder Muskatnuss – sie alle werden Nüsse genannt, sind aber streng botanisch gesehen keine Nüsse. Nüsse im botanischen Sinne sind nur die Haselnuss, die Buchecker, die Edelkastanie (Marone), die Macadamianuss, die Wassernuss und die Hanfnuss. Die Erdnuss ist eine Hülsenfrucht.

Streng genommen ebenfalls keine Nüsse sind die Kokosnuss, die Cashewnuss, die Paranuss, die Pistazie, die Mandel, die Muskatnuss und die Pekannuss. Sie sind Steinfrüchte, da nur die innere Fruchtwand verholzt ist und sie außen von einer weichen Hülle, dem Fruchtfleisch, umgeben sind. Die echte Walnuss galt bis vor Kurzem ebenfalls als Steinfrucht und somit nicht als echte Nuss. Neuere Untersuchungen haben dies aber widerlegt.

Weil diese botanischen Gruppierungen aber für Kinder der ersten und zweiten Jahrgangsstufe nur schwer nachvollziehbar sind, wird in diesem Kapitel auf die Unterscheidung verzichtet.

KV Seite 123 **Nüsse und Schalen**

Auf dieser Kopiervorlage erweitern und vertiefen die Kinder ihr Wissen rund um das Thema „Nüsse“ nochmals handlungsorientiert. Zusätzlich schreiben sie die Namen der Nüsse auf. Wenn Sie konkrete Anschauungsobjekte zum Knacken und anschließenden Probieren bereithalten, steigert das die Motivation der Schüler.

Lösung

	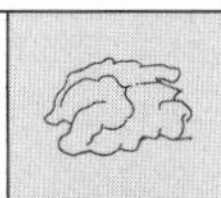	Walnuss
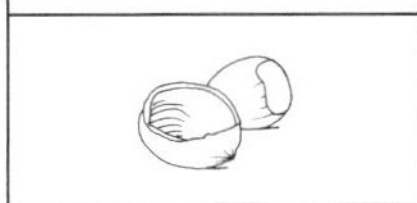	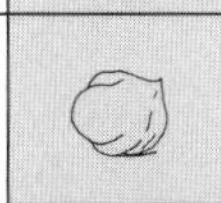	Haselnuss
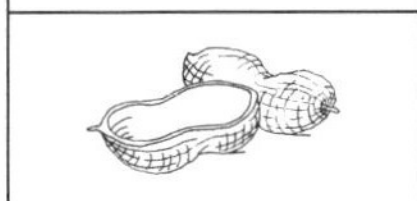	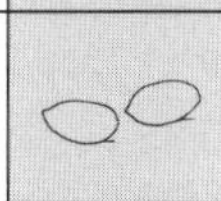	Erdnuss
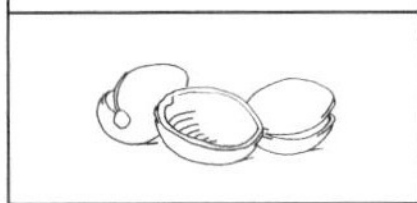	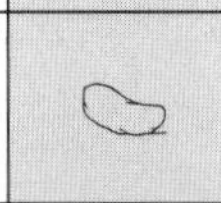	Pistazie
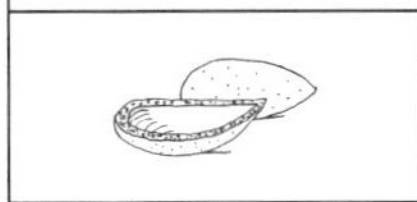		Mandel
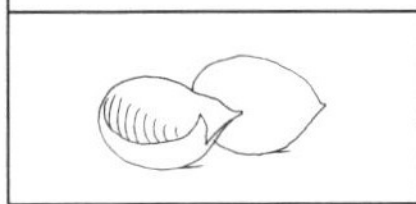	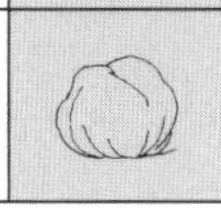	Marone

KV Seite 124

Wie die Walnuss nach Deutschland kam

Die Kopiervorlage bietet eine für Kinder sicherlich interessante Geschichte, die sie individuell erlesen. Durch das Beantworten der Fragen wird das verstehende Lesen überprüft. Besprechen Sie die Lösungen anschließend gemeinsam.

Lösung

1. Regalus wusste, dass sein Freund Heimweh hatte, deshalb wollte er ihm ein Stück römischer Heimat schicken.
2. Der Gärtner pflanzte die Triebe des Walnussbaums in einen Topf und gab ihn Soldaten mit, die über die Alpen zogen.

KV Seite 125

Walnuss-Kastagnetten

Nüsse kann man nicht nur essen, man kann aus ihnen auch ein Instrument basteln. Helfen Sie den Kindern beim Knacken der Walnüsse. Sie können vorab schon Nüsse vorbereiten. Die Walnüsse lassen sich gut in zwei ganze Hälften teilen, wenn man mit einem Küchenmesser in den Spalt hineingeht und die Hälften auseinanderdrückt.

Erzählen Sie den Schülern als interessante Zusatzinfo, dass Kastagnetten oft als Begleitung für spanische Tänze verwendet werden. Vielleicht hat das eine oder andere Kind schon einmal vom „Flamenco“ gehört. Dabei hat man in jeder Hand ein Paar Kastagnetten. Wer möchte, bastelt sich also gleich ein zweites Paar.

KV Seite 126

Nussschnecken basteln

Die Nussschnecke ist eine witzige und einfache Bastelarbeit. Ein bisschen Geschick benötigen die Kinder beim Zusammenkleben der Walnusshälften. Wer möchte, kann mit einer stabilen Pappe und Moos einen passenden Untergrund für die Schnecken gestalten und die Schnecken dann z. B. auf der Fensterbank oder auf einem gesonderten Tisch ausstellen.

KV Seite 127

Erdnussbutter

Erdnussbutter ist ein leckerer und sehr beliebter Brotaufstrich, den Sie ohne großen Aufwand mit Ihren Schülern herstellen können. Die Erdnuss hat allerdings ein hohes allergenes Potenzial. Fragen Sie daher in der Klasse, ob die Kinder Erdnussbutter essen dürfen bzw. holen Sie vorher die Erlaubnis der Eltern ein.

Erdnüsse sind übrigens botanisch gesehen Hülsenfrüchte. Dies drückt auch der englische Name „peanut“ (Erbsennuss) aus.

KV Seite 128

Feiner Haselnusskuchen

Dieser Haselnusskuchen aus Rührteig ist leicht herzustellen. Beachten Sie allerdings, dass viele Allergiker die Haselnüsse nicht vertragen. Sie können das Rezept bei Bedarf auch mit geriebenen Mandeln backen. Geben Sie in diesem Fall einige wenige Tropfen Backöl Bittermandel in den Teig.

Auch mit Vollkornmehl lässt sich der Kuchen backen. Sie sollten dann allerdings etwas mehr Milch in den Teig geben, damit der Kuchen nicht zu trocken wird. Sie können den Teig auch in Muffinförmchen backen.

Name: 

Wer ist der nützliche Mann?

Lies den Text. Besprecht gemeinsam Wörter, die ihr nicht versteht.

(...) Indem Marie den netten Mann, den sie auf den ersten Blick liebgewonnen hatte, immer mehr und mehr ansah, da wurde sie erst recht inne, welche Gutmütigkeit auf seinem Gesicht lag. Aus den hellgrünen, etwas zu großen hervorstehenden Augen sprach nichts als Freundschaft und Wohlwollen. Es stand dem Manne gut, dass sich um sein Kinn ein wohlfrisierter Bart von weißer Baumwolle legte, denn umso mehr konnte man das süße Lächeln des hochroten Mundes bemerken.
„Ach!", rief Marie endlich aus, „ach lieber Vater, wem gehört denn der allerliebste kleine Mann dort am Baum?"
„Der", antwortete der Vater, „der, liebes Kind, soll für euch alle tüchtig arbeiten, er soll euch fein die harten Nüsse aufbeißen und er gehört Luisen ebensogut als dir und dem Fritz."
Damit nahm ihn der Vater behutsam vom Tische und indem er den hölzernen Mantel in die Höhe hob, sperrte das Männlein den Mund weit, weit auf und zeigte zwei Reihen sehr weißer, spitzer Zähnchen. Marie schob auf des Vaters Geheiß eine Nuss hinein und – knack – hatte sie der Mann zerbissen, dass die Schalen abfielen und Marie den süßen Kern in die Hand bekam. (...)

E. T. A. Hoffmann

Was ist der „Mann mit dem weißen Bart"?

Er ist ein ______________________.

Unterstreiche die Stellen im Text, die etwas über den hölzernen Mann aussagen.

Name:

Nussknacker-Suite

Die Nussknacker-Suite ist ein berühmtes Musikstück. Mach es dir bequem und höre gut zu.

Wie hast du dich beim Zuhören gefühlt?
Male ein Bild, das die Musik beschreibt.

Welche Instrumente hast du herausgehört?

 © Hase und Igel Verlag, Garching b. München

Name: 

Nussknacker-Tänze

In der Nussknacker-Suite werden nacheinander verschiedene Tänze gespielt.

Nummeriere die einzelnen Tänze in der richtigen Reihenfolge.

Aufbau der Nussknacker-Suite:

- [1] Kleine Ouvertüre
- [2] Marsch
- [ ] Tanz der Blechflöten
- [ ] Tanz der Zuckerfee
- [ ] Arabischer Tanz
- [ ] Russischer Tanz
- [ ] Chinesischer Tanz
- [8] Blumenwalzer

Welcher Tanz gefällt dir am besten? Begründe deine Meinung.

Name:

Mit viel Fantasie …

Marie bekommt den Nussknacker zu Weihnachten geschenkt. Sie rettet ihn in der Nacht vor dem Mäusekönig. Es stellt sich heraus, dass der Nussknacker ein verzauberter Prinz ist. Zum Dank zeigt er Marie sein Reich, das Reich der Süßigkeiten. Hier herrscht die Zuckerfee.

Wie stellst du dir die Hauptfiguren vor? Male sie.

Marie

Nussknacker

Mäusekönig

Zuckerfee

 Materialien für den Unterricht: Sandra Noa, Winter in der 1. und 2. Klasse © Hase und Igel Verlag, Garching b. München

Nussknacker-Figuren für ein Stabpuppenspiel (1)

Nussknacker-Figuren für ein Stabpuppenspiel (2)

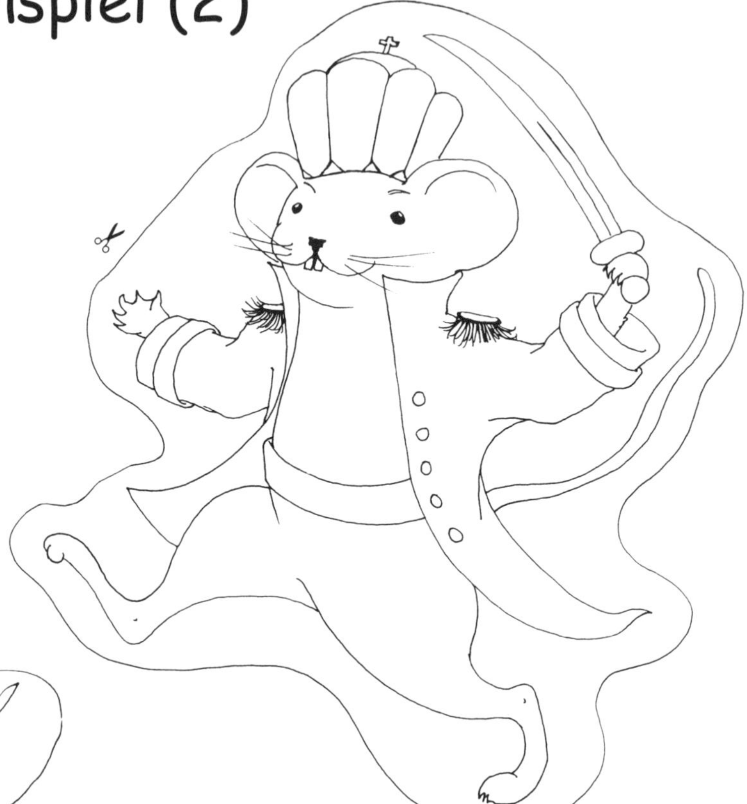

Name:

Verschiedene Nussknacker

Welche Nussknacker gibt es? Male sie an.
Streiche die Nussknacker durch, die nicht funktionieren.

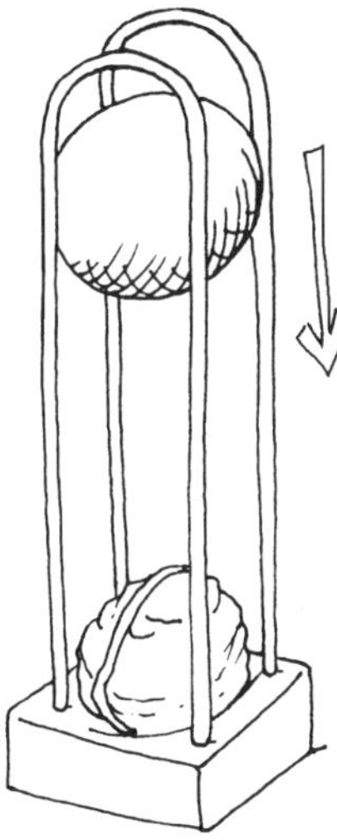
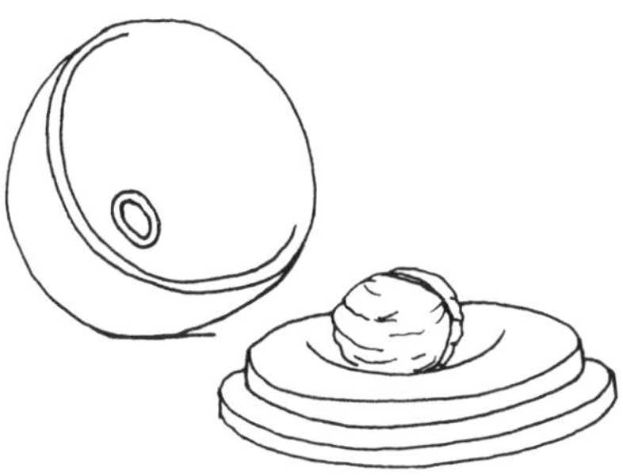
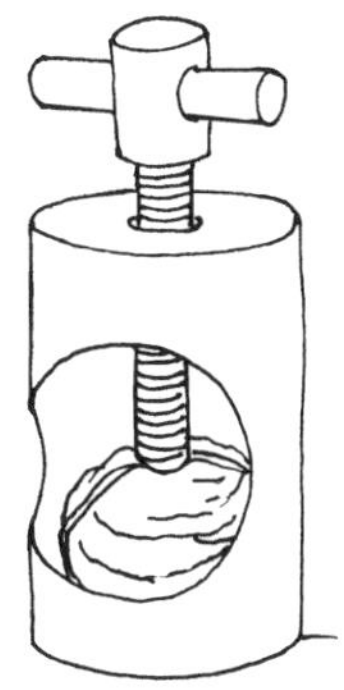
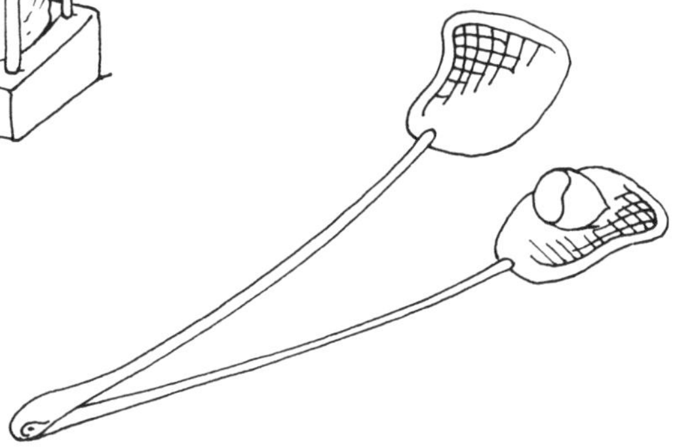
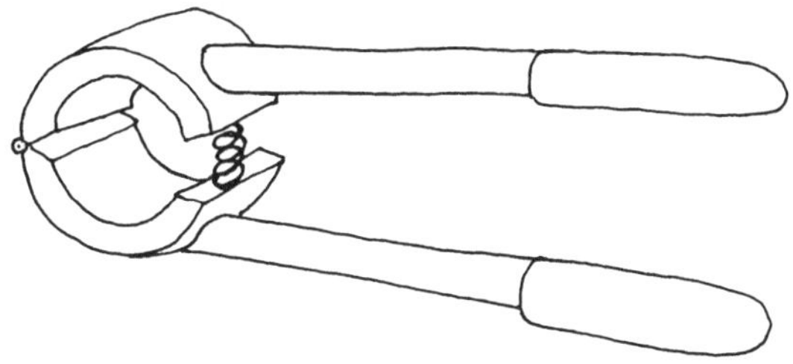
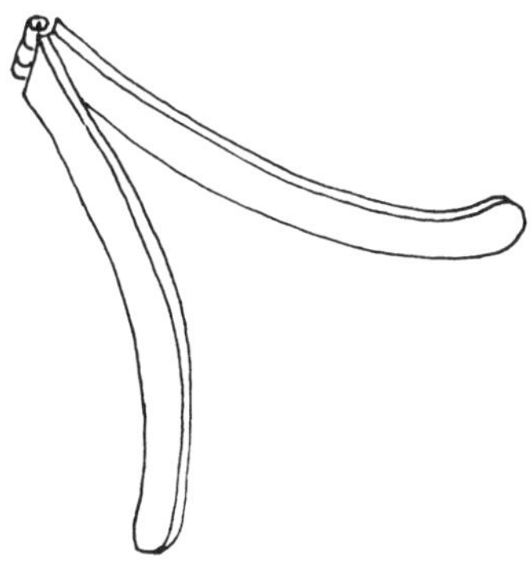
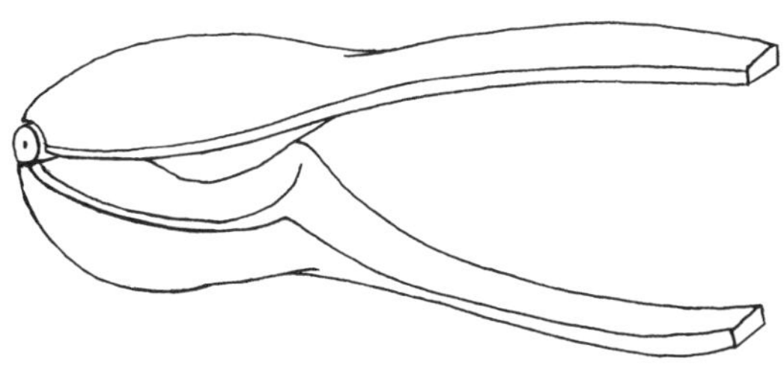
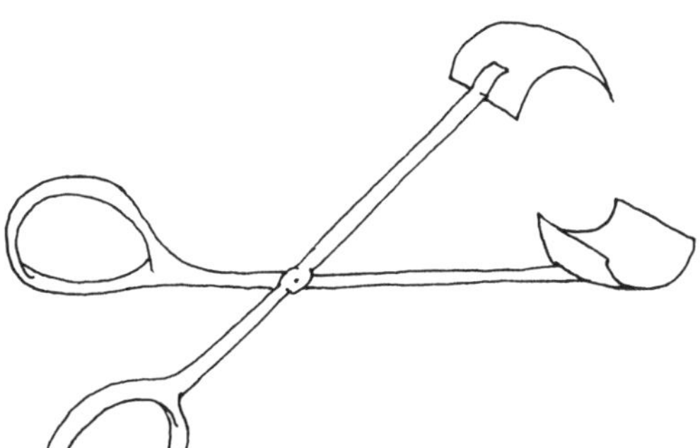
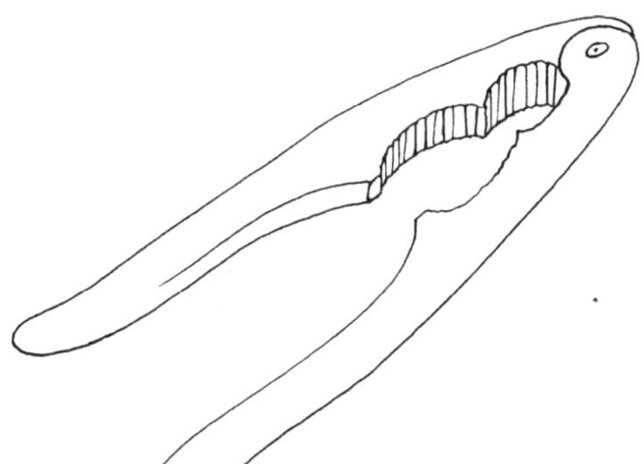

Name:

Welt der Nüsse

Verbinde die Texte mit der jeweils passenden Nuss.

Die Haselnuss wächst auch in unseren Gärten und Wäldern. Man braucht Haselnüsse, um Nougat herzustellen.

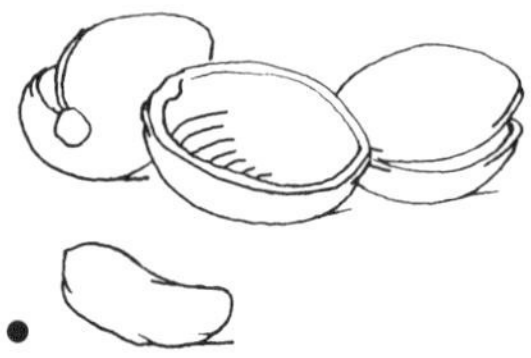

Die Pistazie ist leicht zu knacken. Ihre Pflanze trägt nur alle zwei Jahre Früchte.

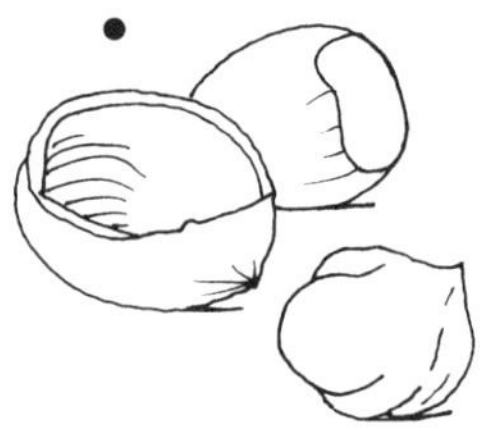

Walnüsse sind wegen ihres hohen Vitamin-B-Gehalts gut für die Nerven und das Gehirn.

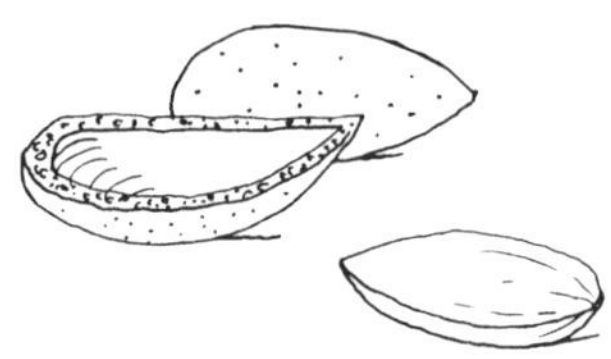

Maronen sind die essbaren Früchte der Edelkastanie. Sie werden oft geröstet auf Weihnachtsmärkten angeboten.

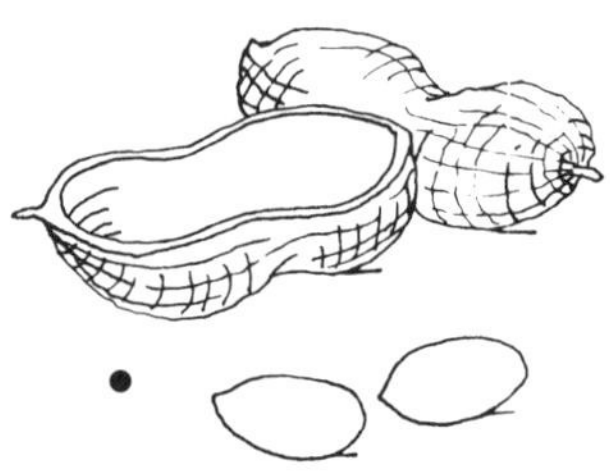

Die länglich-eiförmige Mandel stammt vom Mandelbaum. Dieser gehört zur Familie der Rosengewächse.

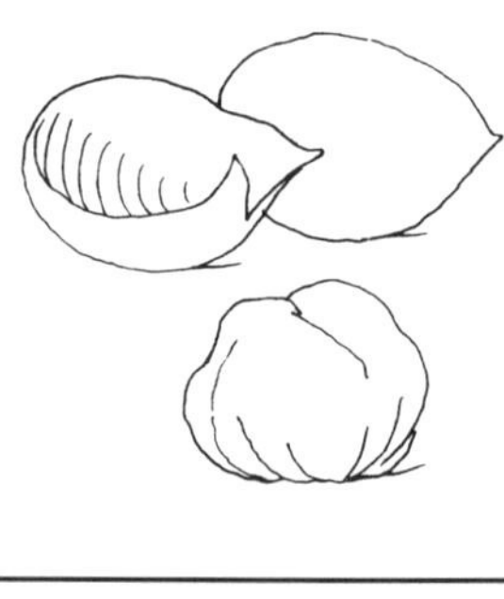

Erdnüsse sind eigentlich Hülsenfrüchte wie z. B. Erbsen. In Brasilien wurden Erdnüsse schon vor 2000 Jahren angebaut.

Name:

Nüsse und Schalen

Schreibe die Namen der Nüsse in die Linien.
Die Wörter im Kasten helfen dir dabei.

Walnuss Haselnuss Marone Mandel Erdnuss Pistazie

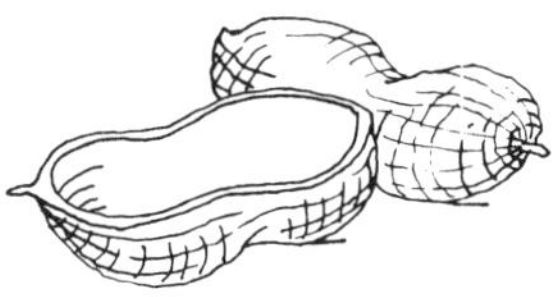

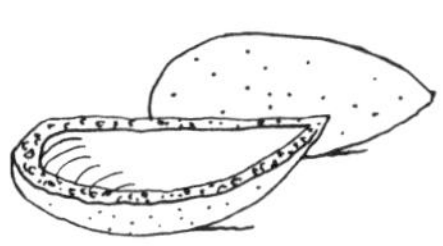

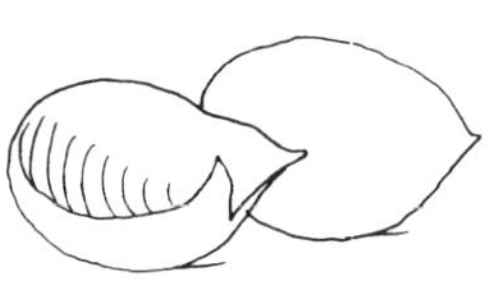

Welche Nuss gehört in welche Schale?
Schneide die Nüsse aus und klebe sie zu der passenden Schale.

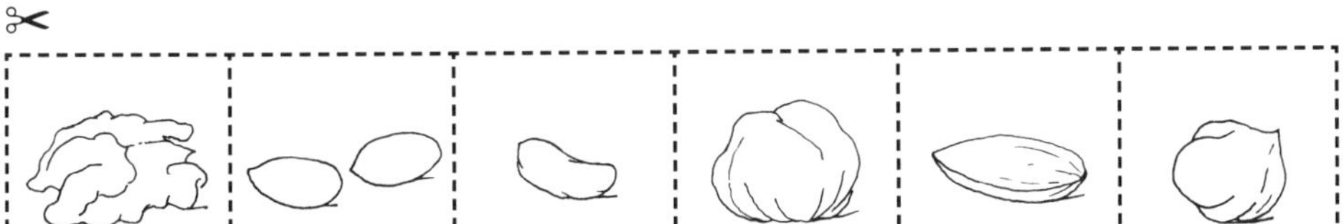

Name:

Wie die Walnuss nach Deutschland kam

Zur Verbreitung der Walnuss gibt es eine alte Geschichte:
Regalus war ein römischer Feldherr. In seinem Garten wuchs ein riesiger Walnussbaum. In dessen Schatten führte er viele wichtige Gespräche und Verhandlungen. Auch mit seinem besten Freund hatte er dort viele Stunden mit Unterhaltungen und Witzen verbracht. Doch dieser Freund wurde über die Alpen geschickt, um dort im Auftrag des Kaisers auf die Menschen aufzupassen.
Regalus wusste, dass sein Freund oft Heimweh hatte. Deshalb beschloss er, seinem Freund ein Stück römischer Heimat zu schicken: die Triebe seines Walnussbaums. Sein Gärtner pflanzte sie in einen Topf und gab diesen einigen Soldaten mit, die auf dem Weg über die Alpen waren. Der Freund freute sich riesig und pflanzte den Baum ein. So wuchsen und verbreiteten sich die Walnüsse auch bei uns.

Beantworte die Fragen in ganzen Sätzen.

1. Warum wollte Regalus seinem Freund die Triebe seines Walnussbaumes schicken?

2. Was machte der Gärtner?

 Materialien für den Unterricht: Sandra Noa, Winter in der 1. und 2. Klasse © Hase und Igel Verlag, Garching b. München

Walnuss-Kastagnetten

Du brauchst:

- Pappe
- Bleistift
- Schere
- Faden
- Nussknacker
- Walnuss
- flüssigen Klebstoff

So wird's gemacht:

1. Schneide ein Rechteck aus stabiler Pappe aus und falte es in der Mitte.

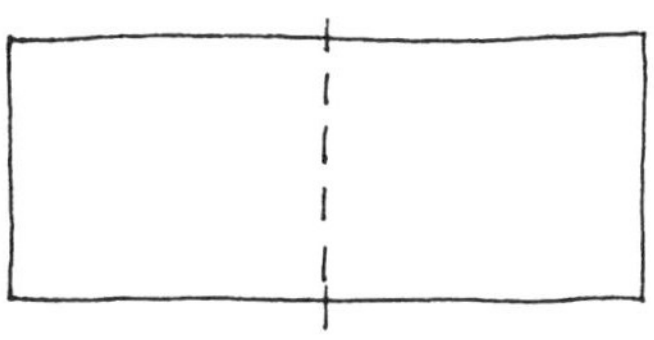

2. Stich mit der Schere zwei Löcher in eine Seite der Pappe. Lass dir dabei von einem Erwachsenen helfen.

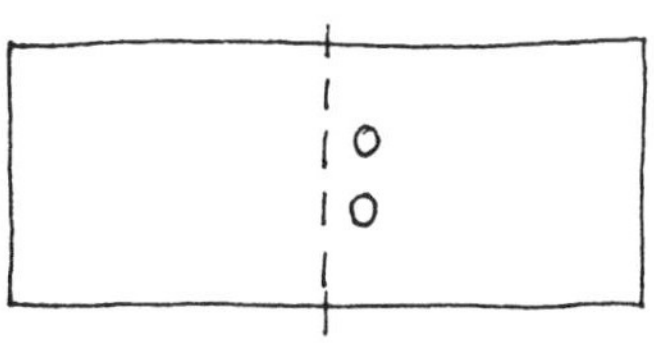

3. Fädele den Faden durch und knote ihn fest. Lass dabei auf der Außenseite der Pappe eine Schlaufe, durch die dein Mittelfinger passt.
4. Knacke eine Walnuss so, dass die beiden Hälften der Schale ganz bleiben.
5. Klebe an das äußere Ende jeder Innenseite der Pappe eine Walnusshälfte.
6. Lass den Kleber gut trocknen, damit die Nussschalen halten.
7. Probiere aus, wie deine Kastagnetten klingen, wenn die Nusshälften aneinanderschlagen.

Nussschnecken basteln

Du brauchst:
- Nussknacker
- Walnüsse
- farbigen Tonkarton
- Buntstifte
- Schere
- Klebstoff

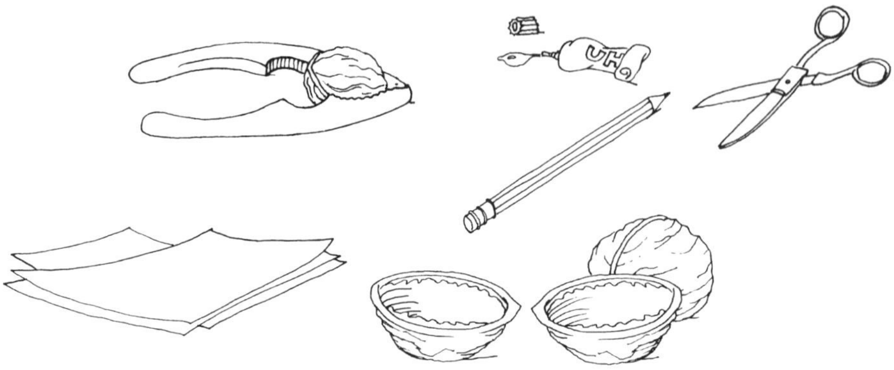

So wird's gemacht:
1. Knacke die Walnuss so, dass die Schalen ganz bleiben. Die Nuss kannst du essen. Die Schalen brauchst du noch.

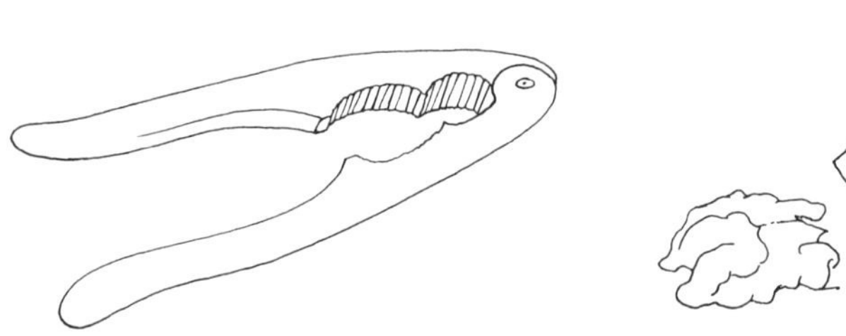

2. Male einen Schneckenkörper wie in der Vorlage vorgegeben. Schneide ihn aus.
3. Knicke die Füße in entgegengesetzte Richtungen, damit deine Schnecke stehen kann.
4. Klebe die beiden Schalen so auf den Körper, dass die Schnecke genau in der Mitte ist.
5. Male der Schnecke noch ein Gesicht.

Fertig ist deine Nussschnecke!

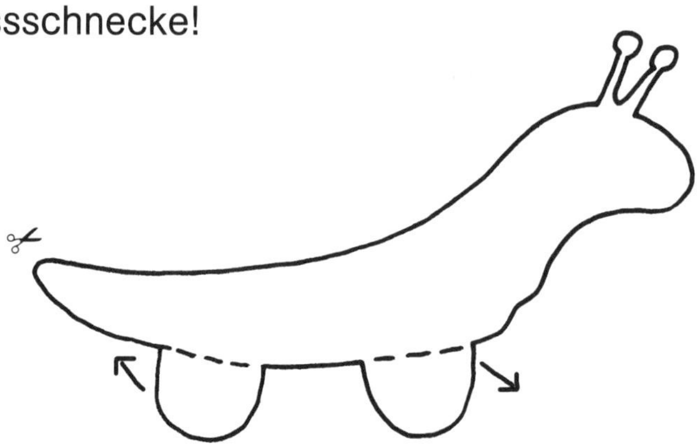

Erdnussbutter

Dieser Brotaufstrich ist besonders in den USA beliebt. Du kannst ihn auch bei uns kaufen – oder nach dem folgenden Rezept selbst herstellen.

Du brauchst:

- 250 g Erdnüsse (ungesalzen)
- 50 g Honig
- 50 ml Sonnenblumenöl
- etwas Salz

So wird's gemacht:

1. Knacke die Erdnüsse, wenn nötig.
2. Röste die Erdnüsse ohne Fett in einer Pfanne leicht an. Rühre regelmäßig um, damit nichts anbrennt.
3. Gib den Honig und etwas Öl in den Mixer.
4. Gib einige geröstete Erdnüsse dazu. Starte den Mixer.
5. Halte den Mixer an und schütte Erdnüsse und bei Bedarf Öl nach.
6. Wiederhole alles, bis die Masse dick, aber noch cremig ist.
7. Schmecke die Masse nach Belieben mit etwas Salz ab.

Die Erdnuss ist sehr nährstoffreich und kommt ursprünglich aus Südamerika. Dort wurde sie so sehr geschätzt, dass sogar Tote noch Erdnüsse mit ins Grab bekamen.
Die Erdnuss-Pflanze blüht über der Erde. Erst nach der Befruchtung beugen sich die Stängel in Richtung Boden und bohren sich in die Erde. Dort reift die Erdnuss – vor Austrocknung geschützt – heran.

Feiner Haselnusskuchen

Du brauchst:

- 125 g weiche Butter oder Margarine
- 200 g Zucker
- 3 Eier
- 250 g Mehl
- 100 g geriebene Haselnüsse
- ein halbes Päckchen Backpulver
- 200 ml Milch
- etwas Paniermehl für die Form

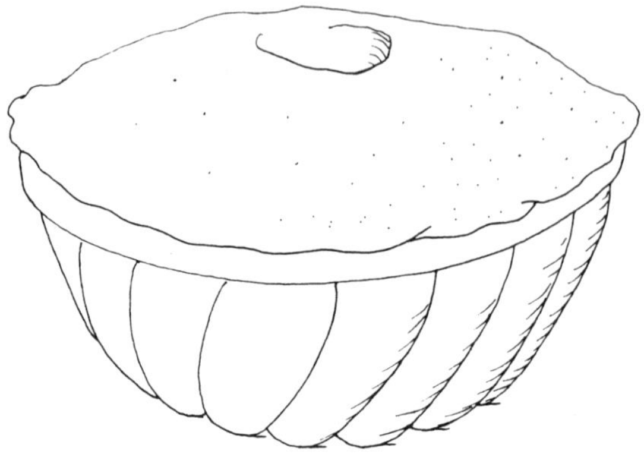

So wird's gemacht:

1. Rühre Butter, Zucker und Eier mit einem Mixer schaumig.
2. Gib Mehl, Nüsse und Backpulver hinzu und verrühre alles.
3. Gib zum Schluss die Milch in den Teig und rühre weiter.
4. Fette eine Kuchenform (Gugelhupf- oder Kastenform) ein.
5. Streue die Form mit Paniermehl aus, damit der Kuchen sich später gut aus der Form lösen lässt.
6. Fülle den Teig in die Form und streiche ihn glatt.
7. Lass den Kuchen bei 180 °C ungefähr 50 Minuten backen.

Guten Appetit!

Tipp:
Du kannst den Teig auch in einem Muffinblech backen.

 Materialien für den Unterricht: Sandra Noa, Winter in der 1. und 2. Klasse © Hase und Igel Verlag, Garching b. München